U0459327

# 带团队高绩效手册

みんな違う。それでも、チームで仕事を進めるたうこ大切なこと

[日] 岩井俊宪 著 罗明辉 陈佳慧 译

湖南人民出版社·长沙

みんな違う。それでも、チームで仕事を進めるために大切なこと。

MINNACHIGAU. SOREDEMO,

TEAM DE SHIGOTO WO SUSUMERUTAMENI TAISETUNAKOTO

Copyright © 2022 by Iwai Toshinori

Original Japanese edition published by Discover 21, Inc., Tokyo, Japan

Simplified Chinese edition published by arrangement with Discover 21, Inc.

All rights reserved.

**图书在版编目（CIP）数据**

带团队高绩效手册 / （日）岩井俊宪著；罗明辉，陈佳慧译. -- 长沙：湖南人民出版社，2025.7. -- ISBN 978-7-5561-3617-9

Ⅰ. C935-49

中国国家版本馆CIP数据核字第2024FD0683号

DAI TUANDUI GAO JIXIAO SHOUCE

**带团队高绩效手册**

| | | |
|---|---|---|
| 著　　者 | [日] 岩井俊宪 | |
| 译　　者 | 罗明辉　陈佳慧 | |
| 出 版 人 | 张勤繁 | |
| 统　　筹 | 黎晓慧 | |
| 责任编辑 | 张倩倩 | |
| 装帧设计 | 凌　瑛 | |
| 责任印制 | 虢　剑 | |
| 责任校对 | 杨萍萍 | |
| 出版发行 | 湖南人民出版社 [http://www.hnppp.com] | |
| 地　　址 | 长沙市营盘东路3号 | |
| 邮　　编 | 410005 | |
| 经　　销 | 湖南省新华书店 | |
| 印　　刷 | 长沙新湘诚印刷有限公司 | |
| 版　　次 | 2025年7月第1版 | 印　　次　2025年7月第1次印刷 |
| 开　　本 | 787 mm × 1092 mm　1/32 | 印　　张　6 |
| 字　　数 | 90千字 | |
| 书　　号 | ISBN 978-7-5561-3617-9 | |
| 定　　价 | 49.80元 | |

营销电话：0731-82221529　　（如发现印装质量问题，请与出版社调换）

目　录

# 第2章 价值观的调整 ·················· 057

# 第 3 章  不对员工的言行做出过度反应 ⋯ 081

# 第4章
# 打造人们相互尊重、
# 相互信赖的职场 ·················· 115

# 第5章 继续提出新的目的与目标 ········· 151

# 引 言

捧起这本书的你，也许是团队的一位高层领导，也许是一位中层管理人员。

"要把员工们团结到一起，我该怎么办？"

"我的员工为什么都不随我行动？是我的管理方式出了问题吗？"

"员工们各执己见，我很烦。"

"我如何才能带领他们做出成果来？"

"我想得到行之有效的建议。"

"我想知道好的解决方案。"

"希望自己成为一个值得信任的领导，获得更好的成长。"

也许，诸如此类的一些念头，让你捧起这本书来。

这个时代的领导确实太难了！

过去，提到员工，浮现在我们眼前的形象就是"男性、年纪比自己小、正式员工"，而如今的管理者要面对的却是形形色色的人。

男性、女性，年纪比自己小的人、年纪比自己大的人，正式员工、派遣员工，资历老的员工、跳槽而来的"半路员工"……

而有的公司，可能还有外籍员工，或者有专业能力远在领导之上的员工。

不仅如此，每一个员工都有他们自己的价值观、思维方式。

例如，我曾听过这样一个故事。

夜半时分，主管发送邮件给自己的员工，安排其去完成某项任务。

作为主管，他只有一个念头："趁现在还没忘掉，赶紧把工作任务写成邮件发给员工。"他根本不存在"希望员工赶快完成"的想法。这只是他随意为之的一件小事。

可是，员工却不这样想。他选择向人事部门投诉："我在深更半夜收到主管的邮件。在工作时间之外发送邮件，是缺乏常识的表现。这种情况接二连三地发生，让我回到家中也没法好好休息。"

深更半夜发送邮件，主管仅仅是"随意为之"，但对员工而言，却是"缺乏常识的表现"。

这种思维方式的不同，出现在各种各样的场景之中。又如：

早上上班后，一个员工正坐在自己的座位上享受早餐。看到这样的情景，有的人会觉得"太不像话！他应该在自己家里吃过早餐之后再来上班"，而有的人则认为"边吃早餐边确认邮件，效率很高啊！只要工作做好了就一切都好"。

在公司业务繁忙的时候，某个员工在休假前一天才提出请假申请，而请假事由那里只有"私事"二字。面对这种情况，有的主管觉得"员工有休假的权利，不需要说明事由"，而有的主管则觉得"虽说休假是员工的权利，但在如此繁忙的时候你还要请假，总该说清楚事由吧"。

如果要问哪种想法"恰当"或"正确"，因职场或公司的状况不同，可能有人会为此大伤脑筋。

或者可以说，这两种情况都"恰当"。

仅仅看职场中的某个场景，我们就能感受到在员工身上存在着各种不同的价值观。在这个时代，我们能实实在在地感受到，随着互联网的发展，人们的交流范围变得更广，交流速度变得更快，价值观也出现了翻天覆地的变化。

领导在过去被视为居于统率的地位，需要发挥其强大的领导力，率领员工朝前迈进。整个组织的结构也多呈"金字塔形"。

在有的公司，存在这样的领导，他们认为只要以"上司"之名，就可以不由分说，仅以一己之见发出命令："别管那么多，行动起来！"

现在，一意孤行地下达命令或以强硬态度示人的领导方式，实际上已经很难奏效。弄得不好，还容易造成这样一种局面，那就是被员工评价"作风老派"或"权力滥用"。

领导和员工之间的"上下关系"已渐趋弱化，扁平化关系正在逐渐显现。"网络型"关系、"支援型"关系已经变得越来越普遍。

其结果便是，和过去相比，领导的"权威"逐渐消失。

面对有着多样化背景的员工，领导很难自上而下地下达命令，但其又必须率领一众员工完成目标任务。

他们必须根据每个员工的个性和情况与其沟通，鼓励和支持他们独立思考和行动。

这就要求领导要有良好的沟通能力和良好的处理人际关系的能力。

一定有不少人在这些方面吃过不少苦头。

而我觉得，对于这些正处于烦恼之中的领导来说，阿德勒心理学的思想和方法再合适不过。因此，我写下了这本书。

抱歉，直到现在我才作一个迟来的自我介绍。我叫岩井俊宪。

1985 年，为推广阿德勒心理学，我成立了 HUMAN GUILD（日本心理咨询机构）。我花了近四十年的时间，面向商业人士开展研修、讲座和演讲等活动。

到目前为止，我已经为超过二十万人提供咨询和培训，教他们将阿德勒心理学应用到职场中。其中，我的企业学员主要是管理人员。

为什么阿德勒心理学更适合当今这种多样化、平等化的职场呢？我认为有以下三个方面的原因。

## 1. 阿德勒心理学重视"横向关系"

阿德勒心理学重视以"横向关系"判断人际关系。

在阿德勒心理学的观点中，以"上下关系"来处理人际关系，容易造成心理失调。人们只是"作用有别"，而不存在"上下"之分。

亲子关系、师生关系、咨询师与咨询者之间的关系，都不是"上下关系"。他们之间是一种平等的关系，他们只是角色不同罢了。

在职场中，情况当然也一样。

阿德勒心理学认为，领导与员工之间，虽然存在各自作用上的不同，但在作为人的尊严方面却没有什么不同。

你是一个领导，但员工只是你的员工，你们并非上下级关系，你们仅仅是作用不同而已。

在日益平等化的职场，这种观点最合适不过了。

那些处于职场关系中，"总想避免自上而下地去指挥别人"，或者"擅长引领别人"的人，只需按兵不动即可。

## 2. 阿德勒心理学重视"建设性"观点

阿德勒心理学不是用"正确"或"错误"、"好"或"坏"这样的方式来对认识加以判断，而是非常重视这一认识"是否具有建设性"。

阿德勒在他的著作中频繁使用"useful"一词。这里的"useful"，我统一译成"建设性"，也可理解成"有益""有用"或者"方便""有优点"。

这一"建设性""有益""有用"的认识，在阿德勒心理学中被视为重要的观点。

具体而言，它究竟是一种怎样的认识呢？

在价值观多样化的当今社会，身为一个领导，经常会碰到员工之间意见或观点相互碰撞的时刻。

"价值观不同""意见不合"，常常会导致"正确"意见相互冲突的情况出现。

冲突升级后，冲突的双方都会坚持自己一方意见的正确性。这时候，冲突往往会发展成为毫无意义的争斗。

到了这种时候，就更加需要重视"建设性"和"有益"的观点。

例如，某个项目在难以兼顾"品质"与"成本"时，只能进行权衡。

要生产出高质量的产品，势必需要投入较高的成本，而要节约成本，质量又会随之降低。

● 有人主张："要生产优质产品，即使投入高成本。"
● 有人则认为："只要在规定的成本范围之内把产品生产出来就可以了。"

持这两种观点的人都振振有词，于是，他们的意见就会发生冲突。

"保证品质投入"派和"控制成本"派，都拼命主张只有自己的主张才是唯一"正确"的。

但此时，如果互不相让，一味主张自己方正确，是无法得出谁对谁错的结论的。也就是说，以"正确"为中心来考虑事情是行不通的。

那么如果这样的话，该如何处理呢？

公司最单纯的目标是"提高效益"。于是就该朝着这个目标，把精力放在寻找对策上："今后能做什么？"

"稍稍降低一点成本，生产出成本控制范围内的高品质产品。""要做出高品质的产品，成本超出预算一点也是没办法的事。"这样一来，双方各让一步，商量探讨一下对方的优缺点，通过这种做法，找到折中办法。

一味拘泥于"正确"与"错误"、"好"与"坏"，这只是在进行判定或当裁判，对于解决问题毫无帮助。

要让工作顺利开展，与其进行判定或当裁判，不如寻找解决问题的良策。

● 即使员工之间意见相左，也要"不予裁定"。

● 即使对员工的想法心存芥蒂，也要"不予纠正"。

● 哪怕彼此的价值观迥异，也要"不予批评"。

● "那么，朝着目标努力，我们可以做些什么？"如此这般，领导与员工共同思考，以这种态度认真探讨至关重要。

面对不同的意见，不需要纠结于对方意见的正误，而是要和对方协商讨论："下一步该怎么做？"

要商量解决问题的良策，而不是仅仅理解对方就够了。

也许有的人会理智冷静地思考。但是，现实是价值观已呈多样化，一时无法获取"标准答案"。因此，我觉得共同思考解决问题的良策才是非常重要的态度。

## 3. 阿德勒心理学重视对"共同体"和对社会的贡献

另外，阿德勒心理学非常重视"共同体"。

"共同体"指"复数的人"，它指一个家庭、一家公司、一个地域社会或者一个国家。

前文已经提及，"建设性""有益"的观点尤其重要。

但是，它不只是"对自己"，对自己所属的团队或公司而言，"是否具有建设性""是否有益"这一点同样重要。

也就是说，阿德勒心理学是非常看重团队、组织的一种心理学。

据说，阿德勒的以下观点是这种思想的根源。

作为生物个体的人类并不强大。老虎、大熊或者大象等都强过人类。可是，人类却作为万物之灵长很好地存活了下来。

可以说，人类由于能够"互帮互助、共同协作"而"建立起了组织和社会"。

形成一个群体，在群体之中学习彼此信赖，一起出发狩猎，并带回猎物。这样人类才得以生存下来。

因为弱小，人类才互相帮助。

每个人都是不同的，人类虽然彼此之间存在个体差异，但却先天具有灵活运用这些差异互助合作的特质。

阿德勒认为人类便是这样一种存在。

阿德勒金句

> 我们生活在与他人的联系之中。单个的人是很脆弱的，他要受到种种限制，这使得单个的人在多数情况下无法单独完成自己的目标。
>
> ——《自卑与超越》

 阿德勒金句

> 人类总是以集体的方式面对一切困难，这样他们就不用以单独的个体存在，而是以社会的一员的形式存在。
>
> ——《生活的科学》

人类因"与他人联系在一起""建立集体"而得以生存。因此，"对他人、对一个集体是否有益"十分重要。

如果没有"为了一个集体""为了一家公司"这一出发点，那么一个人便难以达成一个大的目标。因为一个人的能力实在是太过渺小，也存在上限。

说起这个"集体""共同体"，它不光指"一个团队""一家公司"。

阿德勒所谓的"共同体"的范围，已经延伸至"地域社会""整个国家""整个世界"。它是这样一种思想：不只是"为自己的这家公司"做出贡献，还要"为全社会""为整个国家""为整个世界"做出贡献。

现在的这个时代要求我们推进可持续发展，因此，企业不能只是追求自己一家公司的利益，还需要处理一些社会课题。

可以说，阿德勒心理学就是最适合这一时代的心理学。

假设你现在手下有几个员工，他们极具个性，各具特色。你也许正在抓耳挠腮，不知所措：如何才能让他们团结一心，一起努力做出成果来呢？

"大家各不相同，但要一同向前，最重要的事情有哪些？"归纳一下，应有如下三项。

●一个领导和他的员工只不过是"作用不同"，彼此之间的关系是平等的。

●不关注价值观的不同、意见的不统一，而是努力解决"今后能做什么"的问题。

●要有"为了一个团队""为了一个组织""为了整个社会"而协同合作、做出贡献的思想。

具体做法方面，只需要阅读本书即可。但是，我还是想在此将书中内容作一个简要说明。

在第一章（"要有'建设性'思想"）中，我将谈一谈"放眼未来""保持思考""解决问题"等内容，还要谈一下作为领导应该看重什么样的思维方式。

在第二章（"价值观的调整"）中，我将谈到如何处理人与人之间的关系的问题。当人的思想出现偏差，便容易出现问题，从而使人与人之间的关系变得复杂起来。但是，这些都是可以调整和改变的。这一章主要谈关于思想和价值观的调整的问题。

在第三章（"不对员工的言行做出过度反应"）中，我将谈到应该如何对待员工的言行。有的人对员工总是放心不下，总爱把"我得设法帮他一把""你应该……"等挂在嘴边，或者直接出手相助。这里主要谈这类人应该注意哪些问题。

在第四章("打造人们相互尊重、相互信赖的职场")中,我主要谈"共同体感觉"这一阿德勒心理学中最重视的思想。这里谈到要将团队打造成一个能"相互尊重、相互信赖""相互合作、共同发挥作用"的团队。近来,"心理安全"这一关键词很流行,本章内容与其有些相通之处。

在第五章("继续提出新的目的与目标")中,我主要谈面对目的和目标的方法问题。一个领导在公司组织里的作用是"做出成果"和"完成目标"。"向员工指明目的和目标"乃是本章主题。


现在,劳动者的思想与价值观多种多样。这本身并不是一件坏事情。如果每一个人的思想与个性都能得到尊重,这意味着整个社会在变得越来越好。

"每个个性不同的个人都会得到发展、得到成长。他们在社会中相互信赖、互助合作、做出贡献。"最近我越来越觉得,阿德勒心理学的这一思想是最符合当今时代的心理学思想。

时代终于赶上了阿德勒的思想!

以阿德勒心理学思想为基础的这一思维模式，如果能对读者有所裨益，那么我会觉得无比荣幸。

岩井俊宪

2022 年 7 月

第 1 章

Everyone is
different.
However, that is
important to
work as a team.

要有『建设性』思想

即使困难重重，

即使团队之中有人与自己意见不同，

一个领导也要能够这样思考对策："在现在这种情况下，在现在这种人际关系中，能做什么？"

要着眼于能做什么，而不是去注意不能做什么。

要避免彼此争辩，认为自己的意见才是唯一正确的。

本章要讨论的就是，

对于一个领导而言，

"建设性"思想才是最重要的。

# 无论何时都可以朝着"建设性"方向迈进

## ▌如何最大程度利用手头资源

假设有两个人，由于公司人员调整，他们成了一个部门的领导。这个部门连年亏损，员工们也是毛病多多。

"调到了个令人讨厌的部门，真差劲！先老老实实干着吧，等到下次有人员调整机会再说。"A心里这么盘算着。他工作起来也缺乏干劲，敷衍了事，下班后就去小酒馆喝酒以排解郁闷。

"虽然连年亏损，但或许还有转机。找些富有个性的员工合作一下，加加油吧！"B则这么想着。他认真倾听员工们的想法，努力寻找团队中需要改善的地方，极力减少哪怕一点点的亏损。

他们之中哪位的言行算得上是有建设性的呢？

A的想法也不是不可理解，但是，B的想法才是有建设性的。

即使情况糟糕到让人牢骚满腹，即使对职场忍无可忍，也会去想一想"现在可以做什么"，然后精神抖擞，健康向上，积极向前，这才称得上有"建设性"。

但是，人们往往会像A那样，声称"职场环境太差，让人完全做不下去"，或者"团队成员不好，什么也做不了"，而把自己应该承担的责任甩到一边，把"做不下去""做不了"完全归咎于环境、条件和周围的人。

但是，即使是面对同样的环境、条件和人际关系，真正做事的人也还是在做事情。

并非所有在恶劣环境下成长起来的人都不走正道。

并非所有在压榨员工的企业工作的员工都整日郁郁寡欢。

并非所有的失恋人士会喊着"再也不恋爱了！"而单身一辈子。

并非所有的领导都因为自己做新员工时上司很严厉而对现在自己的员工严厉有加，或者一味施压式地和员工交流沟通。有的领导会因为不想把自己还是新员工时遭受过的那些再施加到员工的头上，而采取一种稳重而充满理性的交流方式。

你可以自己决定所要走的那条道路。

阿德勒看重的就是这种"可以自己决定"，既然选定哪个都可以，那就选那个有建设性的吧。

 阿德勒金句

> 重要的不是我们与生俱来或发展出的能力，而是我们用所拥有的能力做了些什么。
>
> ——《个体心理学》

阿德勒曾经罹患佝偻病（软骨病），这种病使他身上的骨头软化，腿骨弯曲变形，身体不再长高。

阿德勒的身体无法动弹，但他却以此为动力，走上医学之路，甚至建立起阿德勒心理学体系。

　　虽然阿德勒自身身体存在缺陷，但他仍然朝着建设性方向努力向前。

不论什么环境，都能选择建设性道路

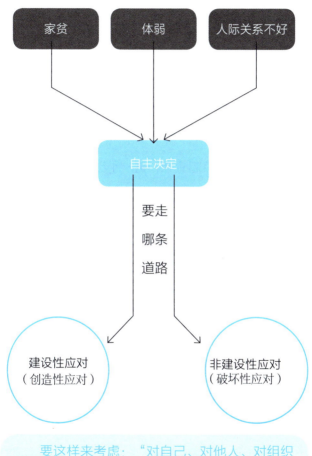

要这样来考虑："对自己、对他人、对组织是有建设性的吗？"

## ▌会受到影响，但不存在"致命一击"

特别重要的一点就是，无论身处何种环境，都要这样去想："要自己决定自己的前进方向""要能够决定走建设性道路"。

"自己决定"，换言之即"一切皆由自己""自己的行为由自己负责"。

它和"自己负起责任"这一干巴无味的说法有点类似。

也许有人会觉得："这可有点强人所难啊……"

说实在的，若只是略微困难的处境，还是可以朝前看看，通过深思熟虑找到解决方案，再付诸行动。但要是换成极端恶劣的环境，一个人往往就会信心全失……这种心情也能理解。

假设一个业务部门的骨干被调到开发部门，面对完全不同的领域，也许他会心想："无论什么环境都要努力加油啊！"但是，如果把他派到一个治安不好的国外子公司去工作，他需要面对一个不讲道理、不好沟通的上司，以及一群听不懂自己语言、消极怠工的外国员工，同时还被要求做出一番成绩，那么他就会怀疑"这样还能努力加油吗？"，他就无法朝前看，并思考解决方案了。

"一切皆由自己决定"，并非万事一推了之，也不是"一切都听自己的""一切都由自己负责"。

虽然"无论身处何种环境，都能够自己选定建设性道路"，但我们还是会受到"环境"的影响。

越是恶劣的环境，越是大的事故，就越可能使我们受到影响。这样一来，我们便很难走上一条完美的建设性道路了。

但是，有一点很重要："环境会产生影响，但它却不是'致命一击'。"

也就是说，环境的影响不是"因为××，所以必定会××"或"要是做××，就会变成××"。

被派到国外的子公司，并非人生到此为止。

员工有问题和职场麻烦不断，也并不意味着一定会走向失败。

无论你置身于何等恶劣的环境之中，无论你遇到多么不幸的状况，都要坚持一条："尽可能朝着建设性方向迈进！"

如果身处恶劣环境，倒霉事情接连发生，一个人可能很难"一切朝前看"，并"完美地思考"。

也许他也无法一下子回过神来，去思考如何往建设性的方向努力。

但即使在这样的状况之中，我也希望他能想到下面这句话：

"自己可以决定今后该如何去做！"

尽可能想到完美而有建设性的方向并付诸行动！

所有的领导都要重视这一点。

# 没必要追问生气者
# 为什么生气

## 人不快乐必有其"目的"

在职场工作，我们会听到有人猛敲键盘，会听到有人大声叹气，会听到有人说话话中带刺儿。在职场里，有人会经常烦躁不安，有人则总是一脸不悦。

于是，有人会心想："呃！是不是出了什么事啊？""我刚才的说话方式有问题吗？"……他们会尽力找出"原因"所在。

但是，阿德勒心理学则认为，当遇到这种有人烦躁不安、满脸不悦的情况时，要思考他的"目的"何在？

而不是去考虑其"原因"何在。

"目的到底是指什么呢？"也许有人会问。

我觉得他是想通过烦躁不安的态度来展现"自己想要得到什么"或者"自己想要表达什么"，一个人想要得到的结果或想要表达的东西就是他的目的。

例如，一个展示自己很烦躁的人，他其实就是要通过烦躁不安这种态度来达到"让大家知道我很忙很忙"这一目的。

当然，他也有可能是出于这样一种"目的"，即告诉别人"事情进展不顺"。

关于"不快乐"这一情绪，阿德勒曾经这样指出：

 阿德勒金句

　　这孩子没有很好地融入社会，其结果就是，"展现不快乐的态度"成为她为数不多的活动之一。不快乐是她用来抗拒母亲最好的方法。正因如此，她才总是表现得很不快乐。

——《性格的塑造》

也就是说，"不快乐"就是这里的"她"达到"抗拒母亲"这一"目的"的最好手段。

看到别人不快乐，很多人都容易去想"他 / 她出了什么事"。他们习惯性去寻找其中的"原因"所在。

但是，如前所述，即使身处同样的状况和环境，不同的人也不一定会采取同样的行动。

"因为××，所以必定会××""要是做××，就会变成××"这种关系是不会成立的。

如此一来，则不要去想"为什么她会不快乐"，而要去思考"她不快乐的目的何在"。

在制造业等"物"的世界，"为什么"往往会发挥它的作用，因为其中确确实实存在着因果关系。

因为"物"中存在"摁动按钮"就会"开动机器"的结构。

或者说，自然界的法则也同样如此。

"水成为冰"是因为"温度到了零摄氏度以下"。

# 处理人际关系要思考"目的"而非"原因"

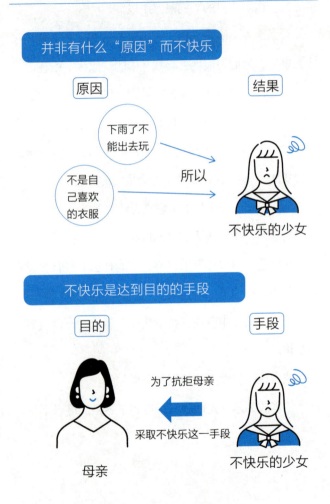

并非有什么"原因"而不快乐

原因　　　　　　　　　结果

下雨了不能出去玩

不是自己喜欢的衣服

所以

不快乐的少女

不快乐是达到目的的手段

目的　　　　　　　　　手段

为了抗拒母亲

采取不快乐这一手段

母亲　　　　　　　　　不快乐的少女

在这种"物"或现象的世界里，因为存在因果关系，思考"原因"十分有效，所以，当出了错、遇到麻烦、进展不顺时，很多人会去追究"为什么"。

但是，即便找到了"原因"，也并不是所有人都会采取一致的行动。因此，即使去思考"原因"也无济于事。

这样，就不必大费周章地从别人的言行之中寻找所谓的"原因"了。

与其寻找原因，不如去思考"目的"何在。这样才更有建设性。

"不快乐"的目的就在于"远离别人"。

"生气"的目的就在于"让对方按自己的意志去做什么"。

"无精打采"的目的就在于"引起别人的注意""受到多一些的关注"。

"不快乐""生气""无精打采"的情绪都因"目的"而产生。

利用这一情绪"目的"何在？

试对职场员工、同事的言行进行思考："他有什么目的？"

与寻找原因比较起来，这样会更加容易得到解决方案。

## 工作时急急忙忙，回到家后却很有耐心

你是不是也遇到过这种情况？

一个一脸不悦的员工，正因一个同事的工作失误大为光火，恰在此时，一个客户打来了电话。

刹那间，此人就像换了一个人似的，立刻精神抖擞、笑容满面地接听起电话来："真心感谢您平素对我们的关照！"

面对同事时就不快乐，对待客户时却满面春风，其行为态度因"对象"的改变而改变。

阿德勒心理学认为，人们的所有行为都一定有其"目的"，有其"对象"。

人们会预设一个"特定的对象"来采取行动。

例如，一个员工在工作时总是急急忙忙、毛手毛脚，而一回到家里却变得冷静持重、有板有眼。

"急急忙忙""毛手毛脚"的目的就是"早点回家"。

但是，他并不是对谁都表现得"急急忙忙""毛手毛脚"。

即使同样在职场环境中，当对象变成客户时，他也会瞬间变身成一个"满心欢喜之人"。

同样，当他回到家里，对象换成妻子和孩子时，"冷静持重""有板有眼"才是他的日常形象。

"对象"不同，人们的"目的"也会变得不同。因此，人就会出现"态度因人而异"的现象。

## ▎不要一怒了事，而要了解生气的目的何在

当你成为一个领导，势必会存在对员工感到烦躁不已，或夹在上司与员工之间觉得"你们为什么就不能理解理解我"而生气的时候。

忍不住与对方发生冲突，或虽能忍耐一时，却总在不经意间暴露出不高兴的情绪，都会令自己都讨厌起自己来。

有这种经历的大有人在。

然而，只是在对方是"员工"时才烦躁不安、面露

不悦的人士应该多加注意。

因为，就如同家长对孩子、老师对学生的情况一样，我们往往容易对"比自己弱小"的"对象"生气。

当这种关系固化下来，就会形成"一方统治、一方被统治"的关系。对人类而言，这算不上是一种健全的、健康的关系。因此，最好还是改变一下。

然而，我也觉得"生气"这种情绪，有时"实属无奈之举"。

我也没有觉得"生气"是百分之百不好的东西。

只要是人，往往就会有"不快乐"的时候，焦虑、急躁的情况也时有发生。

在这种时候，我建议你"去了解自己生气的目的是什么"。

如前所述，"生气"这种情绪里存在一个"目的"的问题，还存在一个"对象"的问题。

上司生气通常意味着"希望员工按照自己的意志行事"，也就是说，这种控制欲就是他的目的。

而有时，上司生气是"害怕自己的威严受到削弱"，这是出于一种"防御"的目的。

当感到不满、焦躁不已、怒火难抑的时候，当你打算把这股怒气撒向什么人的时候，不妨先扪心自问一下：

"我要对谁生气？生气的目的又是什么？"

只要这样一想，你就可以整理好自己的心情，从而避免有人遭受无谓的指责。

或者你还可以再思考一下：在"目的"的背后还隐藏了什么情绪？

在"希望员工按照自己的意志行事"这一目的的背后，常常会存在这样的情绪："我觉得不安""我心里担心"……

在"害怕自己的威严受到削弱"这一目的的背后，常常会是这样的情绪："我感到伤心""我感到失望"……

当自己能意识到这种目的背后的情绪之后，接下来的处理方式就会有所不同。

要养成这样一种思维习惯，当在工作中感到焦虑、生气的时候，要思考一下"在这一目的的背后，我真正的心情到底是什么"。

不以向对方生气为结束，而是要去面对、去发现自己真实的情绪，这才是有建设性的思维习惯，对我们大有裨益。

人因"对象"不同而改变其行为

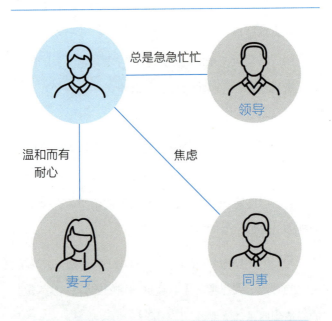

总是急急忙忙

领导

温和而有
耐心

焦虑

妻子

同事

人类的行为、情感都有其"对象"

"对象"不同，则行为、情感亦不同

## 身处劣势，方得成长

### ▎人类具有进化的可能性

● "我想要出人头地，干出一番大事业！"

● "我想要研发出对人类有用的东西！"

● "我想要拿高薪！我想要一套豪宅！"

对于自己的将来，每一个人都会有"想要成为什么人""要当什么人"这种让人感到正面的想象。

我们称之为"假想的目标"。

但是在目前这个阶段，我们还没有达到"要成为什么人""要当什么人"这样假想的目标。

假想的目标与现实之间存在着差距。

与假想的目标比较起来，现实往往会让人感到有些挫败。

正因为假想的目标与现实之间存在差距，正因为认识到现实让人感到有些挫败，我们人类才会成长起来。

换言之，正因为目标与现实之间存在差距，人们才会朝着目标坚毅前行，并因此得到成长。阿德勒心理学认为人类的行为是遵循这样的规律的。

阿德勒这一思想的基础，就在于人类的进化。

人与其他动物不同，人类会"想要成为什么人"，并朝着这样的目标努力。

人类没有鸟类的翅膀，于是造出了飞机；人类不能像鱼儿那样长时间在水里自由游泳，于是造出了船只。

因此，阿德勒心理学认为，任何人都具有进化的可能性，任何人都希望得到成长。

人类可以朝着自己的目标成长

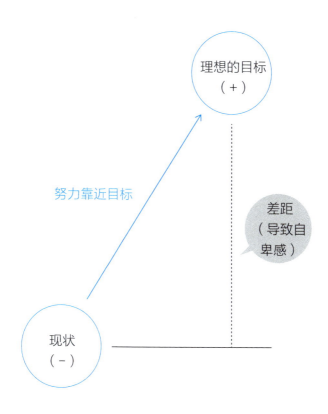

理想的目标
（＋）

努力靠近目标

差距
（导致自
卑感）

现状
（－）

阿德勒金句

在人类的每个行为背后，都隐藏着对优越感的追求，它是人类文明之源。人类的所有活动都沿着这条主线——由下到上，由负到正，由失败到成功——向前推进。

——《自卑与超越》

阿德勒金句

个体心理学有一个基本原则，即所有的心理现象均可当作个体为实现自己的目的所做的准备。

——《理解人性》

## ▌重要的是"如何运用"自卑感

如前所述，"想要成为什么人""要当什么人"这种假想的目标与现实之间存在差距，基于这一差距而产生的负面情绪在阿德勒心理学中被称为"自卑感"。

当自己没有达到"想要成为的什么人""想要当的什么人"这一理想状态时，所感受到的负面情绪就叫"自卑感"。

与它同义的一个词叫"劣等性"。

身体机能存在缺陷时，人们也会产生"劣等性"。

劣等性是"会对生活各方面造成不便的客观属性"。耳朵听不见、眼睛看不见都属于劣等性。

"自卑感"是一种感受，它是自己主观上感觉到的东西。

周围的人都不那么认为，而只有自己那么想，这就是自卑感。

例如，即使在班里成绩排名前五，但在一心想要争第一的自己心里，也会隐隐产生自卑感。

再比如，一个女性的很多朋友都觉得她长得很可爱，但这个女性却觉得自己长得很丑。她对自己的相貌不满意，她很是讨厌这么"丑陋"的自己。这也是一种自卑感。

但是，阿德勒并没有否定这种"自卑感"。

"个子不高""不会念书""不聪明""不可爱""做

不好工作"……阿德勒没有否定这种因为主观上觉得自己不如别人而产生的自卑感。

阿德勒认为，自卑感是推动自己朝着健康的、正常的方向成长的一种刺激。

正因为自卑感的存在，人们才能够"克服困难""加油努力"，不断成长。

也就是说，有了自卑感之后的行动才是最重要的。是把自卑感活用到建设性方向上去，还是把它当作自我否定的材料?

 阿德勒金句

因为人有"不如别人"这种情感，所以才会朝着成功的方向努力。

——《生活的科学》

你是会因为不能像他人那样好好工作而感到自卑呢，还是会努力赶上他人?

没有好学历，也没有好口才，你因此产生了自卑感，此时你会一味埋怨自己呢，还是会做好自己，也练练口才呢？

"劣等性""自卑感""自卑情结"的定义

| | |
|---|---|
| 劣等性 | 会对生活各方面造成不便的客观属性，比如"耳朵听不见""眼睛看不见"等 |
| 自卑感 | 自己的主观感觉，就算周围人不那么看，自己却能感觉到的情绪，比如"不会念书""不可爱"等 |
| 自卑情结 | 把自卑感视为自我否定的因素，纠结于自卑感，做出非建设性的、破坏性的行为，是异常强烈的自卑感 |

哪一个选择才会对自己的人生有正面加分作用，具有建设性呢？答案自不待言。

最为重要的就是"如何活用"这份自卑感。

若是把自卑感变成自我否定的因素，做出非建设性的、破坏性的行为，那自卑感就不再是自卑感，而会变成自卑情结。

遇到困难，有的人会以逃避的态度掩饰"劣等性"，他们在糟糕的时刻、糟糕的环境之中自甘堕落，这就是生了"自卑情结"的病。

# 人类因为互相合作
# 而得以进化至今

## ▍重视"为了谁"的心理学

回顾一下本章开头提到过的 A 和 B 两个人。

当从"建设性"的角度来评价两人的态度和行为时，常常听到有人表示："A 那样的选择，从一定意义上来说，也是有益的、有建设性的观点吧？"

确实，如果只为自己考虑，那么 A 的选择是有益和有建设性的选择。

可是，如果考虑"一个团队""整个公司"，那么情况又将如何？

要说清这一点，先得解释一下什么叫共同体感觉。

在阿德勒心理学中，"共同体感觉"是最重要的一个概念。

对你来说，"共同体感觉"也许是一个陌生的词，那么它到底是一种什么样的感觉呢？

就像在前言里曾稍加提及的那样，所谓"共同体"指的是"复数的人"，它指一个家庭、一家公司、一个地域社会或者一个国家等。虽然人在个体状态下精力有限，但我们却可以组建共同体，协力合作，从而实现一个宏大的目标。

身体弱于大象和猛虎的人类之所以能成为万物之长，是因为人类懂得"结成团队协力合作"，人类"具有社会性"。

在原始群体中，人们学会了相互信赖和协力合作捕猎，并带回猎物。

因为人类以这种方式生存了下来，所以阿德勒心理学认为，人类有一种与生俱来的能力，那就是信任群体，并能发挥自我的优势为群体做出贡献。

阿德勒金句

> 自卑问题与适应社会的能力密不可分。一个人势单力薄，所以人类才创造出了社会。即，共同体感觉与社会性的协力合作发挥了救助个人的作用。
>
> ——《生活的科学》

"共同体"有很多不同的对象。人类的复数就是共同体。

"共同体"的内涵多种多样，有狭义的，比如我和你、一个家庭等，也有广义的，比如一个国家、整个世界等。

共同体感觉便是这样一种信赖感，它意味着关心共同体中的伙伴，相信自己的伙伴，并且有一种"贡献感"，想要尽可能为了伙伴的幸福和成长而做出贡献。

此外，它还包括对所属共同体的归属感，以及置身其中会"感到放心"的感觉。

共同体感觉，即如上所述之对共同体的"信赖感""贡献感""归属感"等的总称。

了解了共同体感觉，就会清楚"对于一个团队而言""对于一个公司而言""对于整个社会而言"这样的观点十分重要。

一开始提到的 A 先生，他只是站在他个人的立场上看问题。如果一个团队中的人都只站在自己的立场去思考有益的事情，那么这个团队是不会很好地运转起来的。

没有"对于周围人而言，对于一个团队而言"这样的思考角度，我们最终很难形成有益的、有建设性的思想。

## ▍共同体感觉并非只是你好我好

在学习会上或者我的演讲之中，我曾经说过"大家要有共同体感觉"，但往往会有人将其误解成"大家要保持友好"。

## 什么是共同体感觉

共同体感觉

归属感

有"存在感",觉得"置身其中会放心"

信赖感

真诚关心同伴、信赖同伴

贡献感

思考自己的作用,思考"为了共同体该如何做"

"信赖感""贡献感"

"归属感"等的总称

当然，从更广泛的意义上讲，"大家要保持友好"这样的理解也无可非议。只是，在职场中，在相互信任的关系和伙伴关系的基础上，我们还要思考，为了彼此共同的目的，我们能做些什么。

以国家足球队为例来思考一下，我们便会明白，队里的运动员彼此间真的就亲如兄弟吗？

不是的。运动员之间不一定非得有朋友般的交情。但是至关重要的一点是，为了比赛胜利这一共同目标，队友间要相互尊重、相互信赖、互助协作。

在同一球队之中，势必存在跟自己个性不合的队员，也存在跟自己个性相投的队员。可是，这和"为了球队的胜利，自己能做什么"毫无关系。

相信每一位队友的能力，相信他们都会为了胜利而竭尽全力，这样一来，各个球员都会发挥其最高水平。于是，"我在这里有用武之地""在这个队里，我能战胜一切"的归属感就会油然而生。

这就是共同体感觉。

诚然，每个人各有千秋：能力上大不一样，个性上也存在差别。

诚然，在一个团队里，有你喜欢的人，也有你不喜欢的人，有跟你合拍的人，也有跟你不合拍的人。

可是，在一个由这些人组成的共同体当中，重要的是对其中的每个同伴都抱有一份信赖，对共同体有一种贡献感。除此之外，还要有一份归属感。怀着"我的归宿在这里""置身于此，大可放心"的想法，往往能把自己的能力发挥得更好。

## ▎事关可持续发展目标、低塑生活

说起"共同体感觉"中的"共同体"，其范围十分广泛。

阿德勒指出，不光对人类，对世界上所有的生命都要抱有共同体感觉。

而且，它不光包含了"对现在的生命能做什么"的内容，还包含了"对未来的生命能做什么"的内容。

说到这里，也许有人会认为，该定义范围过于宽泛，完全让人不明所以。

那就让我换种说法吧。看到海龟因为人类丢到大海里的塑料而痛苦不堪的情景，人们发起了"停止使用塑料制品"的运动。你兴许对这一幕记忆犹新吧。

"低塑生活"这一运动的兴起，并非因为人类，而是因为海龟。海龟和我们都是地球这颗行星上的生物，我们应当将其视为同伴。

也就是说，要去思考"不光是对人类，而是对世界上所有的生命，我们能做些什么"。

另外，"对未来"又是怎么回事呢？

我们来思考一下现在常听到的"可持续发展目标""碳中和"这些字眼。

## 共同体感觉的范围广泛

广泛

生命全体

世界

国家

地域社会

公司

家族

狭窄

未来　　　　　　现在　　　　　　过去

共同体感觉是与可持续发展目标、
低塑生活相关的理念

它们都来源于这样的思想：为了后代，不再伤害地球，要爱惜环境。

这完全就是一种广义上的共同体感觉：不光考虑对现在的生命能做些什么，更要考虑对未来的生命能做些什么。

在二十世纪初，阿德勒就已经指出："包括人类在内，为了所有的生命""为了未来的世界、为了未来的人类"，去思考自己能够做些什么吧。

 阿德勒金句

无论多么完美的人，如果没有培养和发挥共同体感觉，就不会成长。

——《洞察人性》

 阿德勒金句

共同体感觉就是"引导之星"。

——《理解人性》

对于一个领导而言，理解"共同体感觉"十分重要。人无共同体感觉，则难以成长。作为领导，更应该了解，虽然每个人个性不同，但同处一个团队，更重要的是相互关怀，彼此信赖，互尊互敬，要思考自己能为团队做些什么。

# 第 1 章要点

◆在同样的状况下，我们能选择朝"建设性"方向前进，还是朝"非建设性"方向前进。在面临困难状况时，走建设性道路才是正事。要努力思考"今后我能做什么"。

◆当我们与别人相比时，我们会因为"个子矮""脑子笨""做不好事"等产生自卑感。我们不否认自卑感的存在，它会成为我们成长的基础。所以，重点是如何善用自卑感。

◆怎样才能做到与共同体和平共处？培养共同体感觉十分重要。人们不能失去"为了他人"这一视角。

第 2 章

Everyone is
different.
However, that is
important to
work as a team.

价值观的调整

即使想要拥有建设性观点，

即使明知对自己或团队来说应该朝着建设性方向前进，

有的时候也会遭遇困难。

当苦恼、沮丧时，

当麻烦不断、判断力下降时，

当无论如何也得不出完整而有建设性的判断时，

请读一读本章的内容。

本章将要讨论的是要有均衡观，以及调整价值观偏差的重要性。

# 每个人都以自己独特的视角赋予事物意义

## ▌价值观相差越大，越容易出现问题

首先提一个问题。

在办公室里，两个人正就一个关于工作方法的问题激烈讨论，他们在坚持自己的主张时会不由得提高嗓门，这让他们俩显得非常引人注目。

当看到这一场景时，你有何感想？

"哎呀，很积极嘛！热心工作是好事。"你会这样给予积极支持吗？

还是你会感到有些厌恶："在吵架啊！声音都嘶哑

了！不能平心静气地说话吗？"

或者你只是起起哄，看看热闹："东拉西扯的，都争吵些什么呀？"

有人觉得这样很好，有人觉得这样令人讨厌，还有人觉得这样很好玩，总之，大家的想法多种多样。

你的想法更倾向于哪一种呢？或者你还有其他完全不同的想法？

面对眼前发生的一切，每一个人给它赋予的意义可能大不相同。

这就好像每一个人都通过心中那副心灵的眼镜来看待事物那样，面对问题，人们都有自己独特的观点和理解方式。

因此，我们对事物的认知与他人不同并不重要。每个人在理解事物时都有自己独特的认知。这种只有"你"才有的独特认知被称为"私人逻辑"。

然而，在有些情况下，这种私人逻辑是极其扭曲的。它不仅与常识相去甚远，甚至无法与常识相协调。这种极度扭曲的私人逻辑会导致我们的人际关系出现问题，或者导致在工作场所出现不和谐的画面。

在你的身边，是否也存在这样的人？你只是用委婉的语气稍加提醒一下，对方就会一怒而起："我要辞职，不干了！"

面对眼前发生的一切，人们会赋予它独特的意义

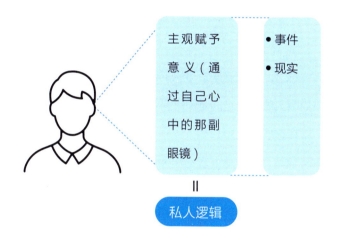

- 面对眼前发生的事件或现实，人们会赋予其独特意义（私人逻辑）。
- 每个人的私人逻辑都存在偏差。
- 当私人逻辑偏差过大时，应予以修正。

● 明明只是订单出了小差错，就沮丧不已："我真是无能！"

● 别人只是在会上提了反对意见，就恼羞成怒："这是在讨厌我、敌视我！"

● 当看到某同事对孩子发烧的同事说"你快回家吧，这里的事情交给我来办"时，会说："只帮他，真滑头。"

总之，以上这些看事物的观点、对待事物的方式，与周围人的感觉之间是缺乏平衡的。

在这些情况中，私人逻辑和周围大多数人的逻辑存在着偏差，这样就很容易出问题，进而破坏一个人的人际关系，从而让自己和周围人都很不舒服。

因此，对这种极端的走偏了的私人逻辑，最好加以纠正。

那些口口声声说着"我不会用这种极端的观点去对待人"的人，其实也要多留意自己的私人逻辑。

因为当一个人沮丧消沉、烦恼不已、饱受打击之时，无论他是谁都会陷入这种极端的走偏了的私人逻辑的怪圈当中。

## ▍价值观出现偏差就要去纠正

当自己的观点、价值观与周围大多数人的观点、价值观之间出现偏差时，该如何处理？

重要的是让自己的感觉靠近周围的人，去贴近他们的观点和价值观。

如果在一个团队中或者在社会中，自己的感觉与大多数人的感觉大相径庭，并且可能会造成非建设性的后果，那么这时重要的一点就是去靠近他们。

在阿德勒心理学中，有时需要一种"为了共同体而让步"的感觉，它被称为常识心理学。而我觉得，称其为"共同体感觉"更加合适。

当自己的认知（私人逻辑）与共同体感觉产生巨大偏差，或因偏差产生不好的后果之时，就需要对自己的认知加以纠正。

● 只是因为对方邮件回复得晚了一点，就认定他是"态度不端正"。

● 只是对方处理文件时偶尔出差错，就一口断定"不能把工作交给他"。

和有类似想法的人一起工作，会十分辛苦。

只是邮件回复得晚了一点，就因此遭受敌视，并且被判定为态度不端正，如此一来，周围的人都会变得小心谨慎。一般遇到邮件晚回的情况，多数人会觉得"可能是太忙了吧""可能还没有看到邮件吧"，但竟然有人会大张旗鼓地认定其为"态度不端正的证据"，其他人会因为这种看法太过突兀而困惑不已。

同理，对于处理文件时偶尔出现的差错，有"这个错误无伤大雅""等会儿再提醒一下他好了""这没什么大不了"这样的想法的人，就不容易跟周围的人起摩擦。

 阿德勒金句

对比个别判断和常识判断，正确的一方基本属于常识判断。

——《生活的科学》

阿德勒金句

　　常识具有与他人协力合作的一面，没受过协力合作训练的人，多半讨厌常识。

——《自卑与超越》

# 从"更多人的视角""更广阔的视角"思考

## ▍借助"更多人的视角"进行思考

当"私人逻辑"与"共同体感觉"之间的偏差很大时，就要靠近对方，达成折中方案。

此时，我们需要用"更多人的视角"和"更广阔的视角"进行思考。

在阿德勒心理学看来，如果对狭窄范围里的共同体感觉产生了怀疑，就最好参考一下"更多人的视角"和"更广阔的视角"。

借助更多人的视角和更广阔的视角来思考，本身就是更具建设性和更合乎常识的思考。

当发觉自己的看法与其他人的看法不一致时，重要的一点是去咨询职场中其他人的意见。

如果职场中除自己外还有 A、B、C、D、E 五个人，要想接近"共同体感觉"，就要对自己的感觉进行调整，让自己的感觉和这五个人中多数人的感觉接近。

要实现这一点，并不是其中一个人特别强势地去率领大家，也不是由一个领导一锤定音就可以。

例如，当一个领导收到员工用 LINE① 发来的请假要求，他可能会一下子怒上心头："竟然用 LINE 来请假！"

此时，不如问一问周围的人或别的员工："对于用 LINE 请假这件事，你怎么看呢？"

如果多数人认为"没什么问题"，那么领导最好也随声附和一下。

如果领导自己经常是少数派，那么我建议领导多多请教周围人的意见，以便调整自己的感觉。

———————————

① 可以在智能手机上和电脑上使用的即时通信软件，有超过 79% 的日本网民使用。

## 借助"更多人的视角"来思考问题

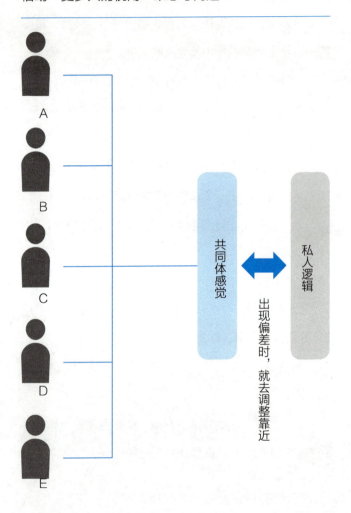

A

B

C

D

E

共同体感觉 ⟷ 私人逻辑

出现偏差时，就去调整靠近

当出现问题、发生冲突、感觉到哪里不对劲时，要养成这样一种思考习惯：

"我自己对这件事情是这么看的，其他人是怎么看的？"

此外，如果有可能，请尽可能询问一下团队中多数人的意见。

这样一来，就能纠正自己私人逻辑上出现的偏差，从而避免人际关系出现危机或者引发其他问题。

 阿德勒金句

在社会生存训练与常识之间存在一种直接关系，借助常识解决问题，就是活用社会上积累下来的集体智慧解决问题。

——《生活的科学》

## ▌用"社会一般意义上的视角"而非"职场视角"来重新思考问题

另外，从"更广阔的视角"来思考问题也十分重要。

即使自己的私人逻辑与当前职场上的共同体感觉之间没有偏差，也要考虑到职场上的共同体感觉是与时俱进的。

例如，在过去，与你共事的五个人中有四个人认为"泡茶是女职工的事"，这就是过去你所在职场上的共同体感觉。

但是现在，"她是女的，所以要去泡茶"这种认识已经是一种过时的，甚至是歧视女性的思想。

看看其他公司的情况，或者对比社会一般意义上的常识，你就会发现它已经很难称得上是共同体感觉。

当用更广阔的视角去观察，把这种"社会一般意义上的共同体感觉"当作"职场上的共同体感觉"，而发现自己明显已经偏离共同体感觉时，就需要去调整和纠正自己的感觉。

与其不断进行"价值观上的调整"，不如在更广阔的意义上与一个职场、一个团队和整个社会之间的感觉进行协调、折中，这一点十分重要。

身居领导岗位的你一定要先养成这种调整的习惯。你也要告诉你的员工进行这种价值观上的调整。

比"职场上的共同体感觉"视角更广阔的共同体感觉

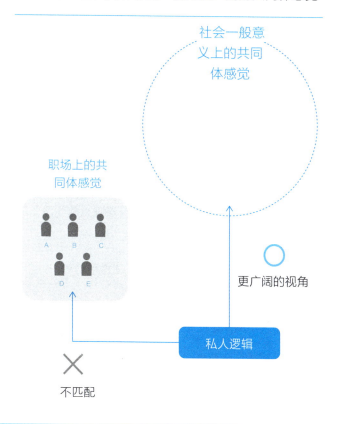

## 避免极端的观点和想法

**▌** 不以"绝对是……""一定是……"等语句来
下结论

这里要谈的，是无意识中的"极端观点和想法"。

首先是"武断下定论"的问题。

你是否也曾有过"绝对是……""肯定是……""一
定是……"这样的表达方式?

口中说出武断的定论式语言时，就要特别注意。

避免像这样武断地下定论，十分重要。

对于员工的工作，如果一口咬定"他肯定是敷衍了事”。那么这就是“武断定论”的一种表现方式。

员工给出的资料内容还不够完整，只因为这一件事情就断定其“肯定是敷衍了事”，这也是武断定论。

“敷衍了事”只不过是可能性之一，也有可能当时“他身体不适”，抑或是“他的老婆和孩子双双感冒卧床，他要照顾家人和做家务，实在太忙了而没法好好准备材料”。

武断地使用“绝对是……”“肯定是……”这样的遣词方式，只能说有欠考虑，对于状况把握不准确。

“每逢关键时刻，××肯定会请假。”这也是一种武断地下结论的说法。

十次之中如果有三四次那样的情况，就实事求是地说，用“30%”或“十次中有三次”这样的数据去说。

如果你倾向于用“绝对是……”“肯定是……”“一定是……”这样的说辞，那么就像下面这样向自己提问，并好好思考一下。

● 真的是“绝对是……”吗？
● 认定“肯定是……”之前,有没有其他的可能性呢?

● 认为"一定是……"的根据在哪里？

当要指出员工的失误、缺点的时候，要尽量避免使用这类措辞。

指出员工的失误、缺点的时候，只要指出事实即可。

"最近你提交资料，十次当中有五六次都晚提交了呢。"

与员工交流沟通，要避免使用极端的措辞，只需做到若无其事地点到即可。

## ▎不以"大家都……""全都……"等语句来夸大其词

时常有人会说"大家都没懂"。

听到"大家都"这三个字，有的人心里会想："啊，真是一个爱夸大其词的人！"甚至忍不住想要问上一句："'大家'是几个人呢？"

用"大家都"这样的语句来表述，很多时候就是"夸张"。

例如，有的人会说："员工全都不听指挥！"

但是，一一问过之后才发现，如果他有五个员工，这五个人并非全都不听他的指挥。

确实，员工Ａ总是表现出反抗态度，不听他的指挥。员工Ｂ虽然偶尔也会反驳一下，但是一般情况下还是会卖力地做好工作。至于员工Ｃ和员工Ｄ则会察言观色，他们行事沉稳持重。员工Ｅ不直接反抗，但也不会老老实实地完成交给他的工作。

就像这样，只要仔细观察你就会发现，其实每个人的情况都不一样。

用"大家都"来笼统概括，就是没有认清事实。

之所以产生这种错误认识，可能是因为员工Ａ一味反抗，员工Ｅ又不主动做事的状况一直持续，让他开始感到厌烦了而已。

人在厌倦不已、沮丧不堪的时候，就容易脱口而出"大家都"这样的夸张说辞。

除此之外，"全都（部）……""总是……"等说辞，也属于夸张，平时表达时一定要多加注意。

## 不要把一次失败说成"总是失败"

"过度一般化"也是应该注意的问题之一。

例如，一个新入职的员工第一次谈业务就遭到了客户公司的冷遇。

于是，这个新员工认为：

"周围人总是对我很冷淡。"

"我呀，确实不适合经商啊！"

听到这种抱怨，你会有何感想？

"不过是遭遇一次客户的冷遇，你有什么好埋怨的呢？"

"一次经历就毁掉了未来的可能性，真是太可惜了！"

你可能会有以上这些想法。

只举出一个例子，就认为"如果××，就总是会××"，这是"过度一般化"的做法，我们应该努力避免。

仅凭几件事，就悲观以对，认为"我总是会××"，这样我们将无法应对人生中各种各样的挑战。

确实，如果一百次当中有一百次都发生同样的情况，那么最好还是改变一下原来的做法。

可是，如果只是连续发生一两次，就认为"我总是会××""每回都是如此"，那么这就是"过度一般化"了。

曾经有人指名道姓地说出某位名人的名字，宣称"我跟他是好朋友"。我大吃一惊："哦?！真厉害！现在你们也还经常见面吗？"

结果对方回答："我们以前上同一所大学，上学时一起出去游玩过一次。"我更加吃惊了。

从某种意义上来说，这也算得上是"过度一般化"了。只一起出去游玩过一次，就认为自己跟对方是好朋友，这种想法有点太过极端。

## 放弃"应该……""必须……"等想法

领导以及在人际关系方面容易陷入痛苦的人身上都有这样一种特征，那就是他们都特别执着于"应该……""必须……"这样的思考方式。

● "工作时应该把时间留得宽裕一些。"

- "给你定下的目标必须完成！"
- "工作还没结束，不应该按时下班！"

这种时刻想着"应该……""必须……"的人，会被自己制定的规则所束缚。他们还会因为太过劳累而苦不堪言。

而当他们将这一切强加于他人时，人际关系就会出现问题。无处不在的规则，令跟他们共事的人也痛苦不堪。

"电子邮件必须马上回复！"有的人把这种价值观强加到员工身上。"没把我吩咐的工作做完，竟然就直接回了家！"面对员工总是烦躁不已。

这种"应该……""必须……"的想法，都只是一种个人的价值观。

在价值观多样化的职场，如果固步自封，就容易与他人发生冲突，自己也会变得痛苦不堪。

成为领导后，放弃"应该……""必须……"的想法吧。这对于避免与员工发生不必要的冲突，对于保护自己的内心，都至关重要。

彼此都做出让步，协商出折中方案，找出自己能做什么，这才是具有建设性的行动，才是明智的选择。

"虽然一直觉得应该……但也没必要那么苛刻。"怀着这样的心情，会使自己轻松无比，人际关系也会因此大为好转。

# 第2章要点

◆每个人对事物都会有自己独特的看法与见解。

人人都只透过自己的那副眼镜观察现实，人人都有一套自己的私人逻辑。

当私人逻辑极度扭曲时，就要慎重其事了。

◆自己的认知与周围大多数人的认知之间出现巨大偏差时，也许要考虑纠正自己的认知。

对狭窄范围内的共同体感觉产生怀疑时，要学会从"更多人的视角""更广阔的视角"看问题，这样才更具建设性。

◆要避免极端的观点和想法，更要注意"绝对是……""一定是……"之类的"武断定论"，"大家都……"之类的"夸张"说辞，以偏概全式的"过度一般化"。

第 3 章

Everyone is
different.
However, that is
important to
work as a team.

不对员工的言行做出过
度反应

越是和蔼的领导，越是体贴照顾员工的领导，越容易深陷一个问题，那就是太过在意员工的言行，并为此而烦恼忧心、焦虑着急，做下很多过激之举。

从某种程度上来说，有时也该想开一点。

"员工的问题"就应该由员工自己去解决。

在面对员工时，有必要冷静理智一些。

当然，虽然面对员工要冷静理智，但也要拥有"信赖员工之心"和"希望员工成长之心"。

这里要谈一谈"不对员工的言行做出过度反应"这一需要重视的问题。

# 将"自己的课题"和"对方的课题"分开思考

## ▍看不透对方"要做什么""会怎么做"时，就不要妄加揣测

看到眼前的员工心情不好，领导可能会产生诸如此类的想法：

● 不安："是刚才说错了哪句话吗？"

● 心情烦躁："什么呀？做那点工作就不高兴了？"

● 放心不下："在团队里很不顺吗？"

和员工一起工作，领导自然会有种种看法。那些细心、会关心照顾员工的领导更是如此。

可是，员工"不高兴"的原因是多种多样的。

例如，"遭到客户的严厉斥责""眼下的工作进展不顺""交给同事的工作被对方忘得一干二净"等，还有诸如"身体不适""家里有了麻烦"这种工作之外的情况。

在价值观多样化的今天，领导更是无法把握员工"在想什么"和"想怎么做"。

说极端一些，他之所以"不高兴"，可能只是因为今天早上换了一款新的发胶，发型总是弄不大好。

员工不高兴，说到底是员工自己的问题，领导不需要去了解员工不高兴的原因究竟是什么。

如前所述，自己的心情由自己决定。

即使情境不变，我们也可以自己选择该怎么行动。因此，即使工作很辛苦，我们也依然存在两种选择——或者"快快乐乐地去做"，或者"牢骚满腹，没完没了"。

员工可以"自己"去做事，"随心所欲"地去做事。

对于作为领导的你来说，员工的心情也许并非无关紧要，但这可能是一个需要员工自己解决的问题。

面对一个不高兴的人，不需要找到他不高兴的原因。重要的是进行切割，认识到那是"他自己的问题"即可。

## ▎粗暴干涉对方的课题，只会破坏人际关系

前面谈到了"员工自身的问题"，而阿德勒心理学中指出，如果太过干涉对方的情绪或个性，那么就会使人际关系变得扭曲。

有这么一个案例。

员工 A 接受了一份新的工作，刚开始有些不安，他的领导放心不下，就给了他一些建议，从旁予以支持。

员工 B 看在眼里，十分生气："领导对 A 实在是太好了！领导太偏心了！"

B 这么一说，领导就觉得"要是这样的话，我就只在旁边多关注一下吧"，从而不再对 A 予以支持。

员工 C 看到这一切，十分沮丧地表示："我看错领导了！他只帮了 A 一半，就抛下他不管了！"

于是，领导急忙向 C 解释之前发生的一切，却因为这些事情浪费了不少时间，导致自己手上的工作没有及时完成。同时，员工 A 无法顺利成长，整个团队也变得奇奇怪怪，几近分崩离析。

觉得员工心里不安，自己身为领导当然需要出手帮上一把，这可以理解。

但是，如果因为员工感到不安，就给他一些建议或者直接出手相助，领导的负担会随之增加，而且不利于员工的成长。

员工觉得不安，是员工自己的问题。也可以说，这是员工自己应该去解决的问题。

如果此时插手员工的问题，就会成为"花时间在员工身上，自己的工作却做不完"的过度劳累的领导，或者会培养出"成长速度极慢"的员工。

领导插手员工的问题，存在以下四种弊端：

- 员工无法获得独立解决问题的能力；
- 员工变得依赖领导，甚至会把责任推给领导；
- 员工情绪受伤，变得叛逆；

● 领导变得更加忙碌。

为了避免这种种弊端，面对员工遇到的困难，领导可先后退一步，"让员工自己来解决"。

## ▎"课题分离"策略

当人际关系出现矛盾和问题时，建议采用"课题分离"的策略。

将问题当作"课题"，意思其实是一样的。

把对方的问题当作"对方应该解决的课题"，即将对方的问题分离出来进行思考。

例如，有个懒惰、工作起来没有干劲的员工，即"不爱工作"的员工。对于这样的员工，有的领导会叮嘱他，提示他工作目标，或者告诉他具体该如何做，千方百计地帮他。但是，即使这样做了，员工的工作依旧没有什么起色，也没有取得什么好的成果。

这里，我想要说的一点就是，"员工有没有很好地工作"，总的来说还是"员工自己的问题"。

这是因为，不好好工作，就无法获得成长，收到的评价就会不好，甚至会被解雇。为这样的后果买单，依然还是员工自己。

有句谚语这样说："你可以把马儿牵到水边，但不能强迫其喝水。"对员工，你可以让他干这干那，最后他能不能干好，却完全是他自己的课题。

假如有个这样的领导，他为"不爱工作"的员工时刻担心、烦恼不已。这样一来，他的担心和烦恼等就成了"自己的课题"。因为担心、烦恼是领导主动的，并不是员工或其他人要求他这样去做的。

面对员工的认知和行为，"领导会怎么想"中的"想"，就成了"领导的课题"。

对于"不好好工作"这一"对方的课题"，领导却将其当作"自己的课题"，因此烦恼不已。这可以说是一种杂乱无序的情况。

当把对方的课题和自己的课题混在一起，情况变得杂乱无序的时候，要这样去思考：

## ● "这样行动的后果，由谁来承担？"

这样去想，就是把"对方的课题"与"自己的课题"分离开来。

在"不爱工作"这一行为之后，"无法获得成长""获得不好的评价"这样的后果会落到员工身上。因此，它是员工的课题。

"担心"员工的言行的后果，会落到领导自己身上。所以，它就成了领导自己的课题。

随意担心、烦恼的领导必须接受落到自己身上的课题。

"都怪员工的工作效率低，我才会如此烦恼！"这就是课题分离不理想的状态。

以上内容整理如下：让员工好好工作，它是领导的课题；而员工实际上有没有好好工作，它是员工的课题，领导无法决定。

这样整理下来，领导就会明白自己该做什么，人际关系也会变得简单起来。

只要做好自己该做的事情，其他的就都是"对方的课题"。

　　如果觉得对员工的言行反应过度了，那么就想想这一行为带来的后果最终会降临到谁的头上，然后再整理一下"自己的课题"和"对方的课题"。

## 什么是"课题分离"？

"自己的课题"与"对方的课题"

杂乱无章的状态

自己 　 **?** 　 对方

以"后果最终会降临到谁的头上"这种观点来思考

划分"自己的课题"与"对方的课题"

自己 　 对方

# 需要领导与员工协力投入的
# 课题是什么

## ▎对别人怀有期待，是领导的课题

当然，因为身处同一个团队之中，问题往往会落在领导身上。

当团队里出现一个"不爱工作"的员工时，领导得到的评价就会降低。整个团队的士气会跟着下降，这让领导很不好办。

这种情况之下，个人的问题往往会成为"共同的课题"。

看到员工的办公桌上凌乱不堪，领导顿时感到烦恼。

这时，烦恼之人是领导，员工的课题便成了领导的课题。

不过，诸如"弄丢合同"之类的行为明显会给公司造成损失，上司也要承担责任。此时，它既是"领导的课题"，也是"员工的课题"。因此，它其实就是"共同的课题"。

领导对员工怀有期待，也是"领导的课题"。

例如，领导可能会怀有这样的期待："希望员工更加积极地工作""希望大家在团队里能齐心协力"。

但当发现员工并没有按照自己的期待去行动时，领导可能就会生气、焦虑、不安，就会忍不住对员工出言指责。

但是，"期待"只不过是领导随意怀有的，对于领导这份随意怀有的期待，员工拥有要不要回应它的自由。

可是，如果一个"王牌员工"没有达到既定工作目标，从而对周围的人都产生了很大的影响的话，那么他的问题就会成为"共同的课题"。

此时，对待员工就要放低姿态："和我一起来思考吧。"

## ▍要成为"共同的课题"是有条件的

职场中出现的问题并非都会自动变成"共同的课题"。

那么,职场中出现的问题在什么情况下会成为"共同的课题"呢?

共同的课题成立的条件,大体分为以下两种。

### 1.任何一方提出请求时

例如,员工说:"我不清楚操作方法,请您指导一下我。"

在这之前,问题还是员工的课题。

而如果领导回应"那我们一起来思考一下吧",就是接受了员工的请求,此时"共同的课题"便得以成立。

### 2.后果共同承担时

交给员工的工作可以说是"员工的课题",但是,如果因工作毫无进展而被解约,或收到来自客户的投诉等,最终导致了实质性的损害的话,它就成了领导与员工的"共同的课题"了。

此时，就要把它当作"共同的课题"，互助合作，一起度过这一困难时期。

## ▍"课题分离"之后，才是互助合作的关系

"不是把课题分离之后就万事大吉了。"

"这不是我的课题，而是你的课题"，当领导以这样的思想、态度去面对员工时，可能自己的心里会感到一阵轻松。但是员工会认为领导放弃了自己，甚至还会觉得自己不受领导的重视。

我们可以这样理解"课题分离"：它只不过是"为了把纠缠在一起的线团解开"。而在此之前，必须建立起一种进入互助合作阶段的关系。

课题分离只不过是"进入互助合作阶段的必要手续"。

让我们来看一个领导与员工一同外出工作的案例。

在会合地点见面时，员工一副无精打采的样子。

于是，领导开始猜测其中的缘由："他讨厌今天的

工作？""他对今天的工作感到不安？" "他忘了带今天要用到的资料了吗？"

而有的领导也许会一下子火冒三丈："现在是要去见客户呢！"

然而，这就显示出他其实并没有做好"课题分离"。因为"员工无精打采"是员工的课题。

不过，如果去见的是很重要的客户，那么员工无精打采的样子，无论对员工自己，还是对领导，都有可能产生负面影响。

领导也会觉得这种情况有点棘手。

此时，问题就成了"共同的课题"。领导有必要提示一下员工："这是我们共同的课题。"

"共同的课题"的成立条件是什么？

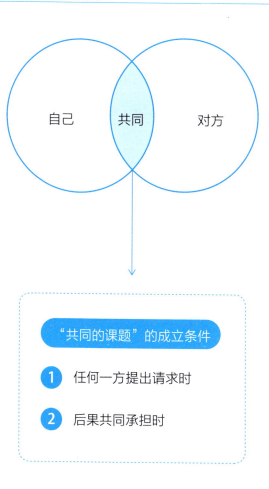

自己　　共同　　对方

"共同的课题"的成立条件

1 任何一方提出请求时

2 后果共同承担时

对于"现在要一起去见重要客户"这一"目的"，我们需要一起思考一下能怎么做。

领导：你的脸色不大好呀。你没事吧?

员工：昨天晚上一直睡不着。

领导：现在要去见的是个重要客户，要是你的身体不舒服，资料说明就由我来做吧。

员工：我身体没问题。一会儿到了他们公司，我一定振作精神好好进行说明。不过，如果有不足的地方，还请您多多补充。

如此这般，好好沟通之后，领导也就能做出表示："明白了。为了做好补充说明的准备，你先把今天资料中的重要部分跟我说一下吧。"

这种应对方式，才算得上是聪明而又具有建设性的。

可以说，员工现在无精打采，它是员工的课题。但是，情绪低落地去见客户，这就成了员工和领导"共同的课题"。

对于即将出现的这一"共同的课题"，重要的是二人要一起思考"现在该怎么办"。

## ▍好好把话说出来后再进行讨论

要把问题变成"共同的课题"，需要经历下面这些流程。

### 1.把话说出来后再协商、提议

要让个人课题变成共同的课题，必须把话说出来，再互相协商、提出请求或提议。

如果不吭声，那么任何问题都无法成为"共同的课题"。

### 2.互相讨论，看是否要将其当作"共同的课题"

并不是员工提出"请让这个问题成为共同的课题"，领导就必须接受让它成为一个"共同的课题"。

领导也可以直接表示拒绝："这是你的课题，所以请你独立解决。"

所以，首先要互相商定是否要将这一问题当作"共同的课题"。

### 3. 成为"共同的课题"之后，就要协力合作，寻求解决方案

当一个问题经过协商成为"共同的课题"之后，解决这个问题就成了所有相关成员的责任。

大家齐心协力，寻求解决方案，这十分重要。

课题分离，始终要以协力合作为目标

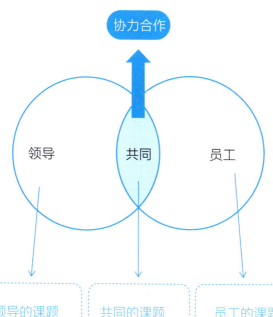

协力合作

领导　　　　　共同　　　　　员工

领导的课题
只会落到领导
身上

例：因看到员
工无精打采而
感到担心、沮
丧

共同的课题
会对双方造成
困扰

例：员工无精
打采地去见客
户，带来负面
影响

员工的课题
只会落到员工
身上

例：情绪低落
（脸色阴沉、无
精打采）

# 一起思考，共同解决

## ▌ 解决"共同的课题"的重点在哪里

### 1.尽量倾听员工的想法或请求

员工来找领导商量事情，如果领导置之不理，容易让员工觉得自己不受重视。

当员工的不满情绪蔓延后，他就会开始觉得找领导商量也没用，便不再找领导商量事情了。

因此，要尽可能倾听员工的想法和请求。

但是，有一点需要引起注意："倾听员工的请求"

并非"接受员工的请求"。这一立场必须坚持。

## 2. 不是领导出面解决，而是大家共同解决

当员工来找领导商量，或者员工的行为造成了麻烦时，领导往往会跃跃欲试，试图解决。

可是，这样反复几次之后，员工的思维能力就难以得到培养。

不仅如此，有的员工甚至会认为："找领导商量，领导就会替我解决问题。"其依赖心理就会越来越强烈。

不直接告诉员工"答案"，而是用提问的方式，引导员工自己独立思考，这才是正确而有效的做法。

员工找自己商量，自己要和员工一起思考解决问题的方法。

此时更重要的是，要视员工为"对等的工作伙伴"。

不采取"领导指导员工"的形式，而是要采取共同思考、共同讨论、共同找出解决方法的方式。

## 3. 要理性讨论，不要变得情绪化

当员工的问题给领导带来困扰的时候，员工的问题

就会成为"共同的课题"。

若觉得困扰，但只是对员工说"给我造成困扰了，你就住手吧"，也是无法进入协力合作状态的。

一定要采取协商、请求这类沟通方式。

"你的所作所为造成的后果，让我觉得很不好处理。该怎么办呢？我们一起来思考吧。"有必要这样冷静地商量处理。

要想使之成为"共同的课题"，就要把话说出来，冷静地进行讨论。

## 让问题成为"共同的课题"的流程

**①** 口头协商和请求

**②** 讨论是否能成为"共同的课题"

**③** 成为"共同的课题"之后,协力合作,寻求解决方案

# 大家一起思考"共同的课题"

## ▌受育儿问题影响而痛苦的课题

在前文中，我们从"领导与员工之间的关系"谈到了"课题分离""共同的课题"的问题。

但是，员工与员工之间因思考方式不同而产生矛盾的案例也有很多。

例如，有孩子的员工和没孩子的员工之间的矛盾。

假设有两名员工，员工 A 是个有年幼孩子的员工，而员工 B 则是活跃在职场上的单身员工。

有一天，员工 B 向领导提出抗议。

"只因为A有孩子，他的工作量就少，他可真会使小花招啊！我们的工资是一样的，我也想早点回家呀！"

的确，家里有孩子的员工A几乎从不加班，也没少早退或迟到。这些消极因素开始慢慢影响到团队里的其他成员。

只是，当找员工A了解了情况之后，发现他也愤愤不平：

"以前我也是好好干的啊，可是现在一想到孩子，就怎么也没办法了。公司能不能好好运作一下，让大家都能好好工作呢？"

这时，如果领导对某一方说"你说的不对"，就会引发某种问题。

但是，如果让他们继续争执下去，让他们认为自己的主张才"正确"，也会让整个局面继续僵持。

如何才能把这一问题当作"共同的课题"来加以解决呢？

在这一案例中，员工B先来找领导商量，这可以看作他提出了"能不能看作共同的课题"的请求。

首先，最重要的就是做出"是否应当看作共同的课题"的判断。即使是员工之间的纠纷，如果领导认为"这不是问题"，那就不会成为"共同的课题"。

例如，如果在讨论工作如何进行的时候，针对工作方式，员工A和员工B产生了争议，领导认为这只是"年轻员工之间常常会发生的情况，他们在思维碰撞中会得到成长"，"这不是问题"。这样的话，这个问题就不会成为共同的课题，而是员工自己的课题。

然而，如果领导接受了员工B的请求，这就会成为共同的课题。认同这是共同的课题后，面对员工B，领导要对他表示："我知道你的任务很重。"通过这样的方式来表示善意和理解。然后再告诉他："我会批评A，让他不要再耍小花招。"这便是具有建设性的思考方式。

然而在同一个工作场所，处于同样的状况之中，既会有人像B那样觉得"有孩子的员工在耍小花招"，也会有人认为"这种事总是会有的嘛"。

## "更长远" "更广泛" 地思考

下面来谈一谈二人共同思考解决办法的问题。

例如，让员工B站在员工A的立场上，更长远、更广泛地思考一下。

首先，从"更长远"的视角开始。领导问员工B："能不能用更长远的视角来思考一下？"

也就是说，把时间轴拉得更长一些。

员工A现在要带孩子，所以他必须早点回家。

如果只看现在，那么员工A在照顾小孩上花时间太多，给员工B和团队其他成员造成了很多麻烦。

但是，如果回溯到过去，那个时候他对公司也是做出过许多贡献的。

再思考一下未来，孩子很快就会长大成人。员工A也许会在未来的工作中付出更多的精力。

接着，再问员工B："能不能从更广泛的视角来思考一下？"这是把空间轴扩展一下来思考的方式。

也就是说，社会并非只是由职场构成。

员工A不仅是职场人，还是一个处于地域社会的人。

考虑到这些，对于比职场更大的共同体——地域社会——而言，员工Ａ带小孩这一行为，并不等同于"少做了工作"。

可以说，在为未来培养人才方面，他承担了责任，所以他的行为是具有建设性的。

可以认为，在"更广泛"的共同体中，他做出了实实在在的贡献。

员工之间发生矛盾，往往是因为他们大多只是从"短期"、从"局部"的角度来看问题。

想象一下站在别人的立场上，或者改变一下自己的角度来思考，就会加深对相关情况的了解。

领导应该尽量以提问的方式引导员工去思考，这一点十分重要。

## 共同思考为了团队的目标，自己能做什么

接下来谈一谈关于共同的课题的具体解决方案。

这个问题该如何去思考呢?

在公司组织中，各个部门有各自不同的目标。

销售部的目标就是提高销量，服务部的目标就是增大客户数量，而开发部或创意部的目标，则是加大商品的策划与开发数量。

各个部门、各个团队有他们各自的目标。

此时，和员工 B 一起来思考，向团队目标前进时自己所能承担的工作量。

这样，就可以找出重点，即"在哪一步能够实现折中"。

例如，"去年已经过去，今年努力加油！"这也许就是折中的点。

或者，"假如员工 B 目前分担的工作量为 100%，那么他希望能减少到原来工作量的 60% 到 70%"，这也是一个折中的点。

或许还存在这样的提议："希望能够明确绩效的评价指标。"

如此这般，通过不同的视角，二人共同商量出解决方案。

如果是有销售目标的销售部门，那么可以以具体数字为基础来讨论"折中的点",提出解决方案。比如假设整个团队的销量为 100，那么能折中到什么程度。

员工 B 和领导要共同思考"能做什么"这个问题，努力寻找解决方案，这一点十分重要。

此时，最好也要求员工 A 一起思考"共同的课题"，一起去寻求解决问题的办法。

在把团队现在的情况告诉员工 A 的基础上，让员工 A 一同思考"自己能做出多少贡献"。

员工 A 因为孩子还小，时间并不是很充裕。那么，就让他思考"在时间不充裕的情况下，对于团队目标，自己能做出什么贡献"。

于是，员工 A 也许会提出这样的解决方案："我可以负责在家也能做的调查工作。"

他也可能会这样回答："请给我今年一年的时间，到了明年，我应该可以负责更多的工作。"

"如果可以增加在家上班的时间，或许我能分担更多工作。"这也是一种解决问题的办法。

思考自己对于共同的课题能做什么，这一点十分重要。

## 第3章要点

◆ 在价值观多样化的今天，领导很难了解员工在想什么、想怎样做。

如果这样，那就不要去想这个问题，不要横加干预。

脾气暴躁的人都是自己主动发脾气的。

◆ 不要因为担心员工就去帮上一把，也不要因为觉得他"应该"怎么做却没做而生气。不去干预员工的课题，员工的课题应该由员工自己解决。

◆ "课题分离"只是进入协力合作关系的手续，接着是要面对"彼此协力合作的目的"，不是把课题分离了就万事大吉。面对"共同的课题"时，重要的是一起思考解决办法。

第 4 章

Everyone is
different.
However, that is
important to
work as a team.

打造人们相互尊重、
相互信赖的职场

在各成员团结合作，努力解决"共同的课题"的进程中，打造一个让人们相互尊重、相互信赖的职场是重中之重。

这样的职场能给人"此处便是我的容身之所"的安心感，并让人产生"为了集体，我愿尽绵薄之力"的贡献感。

这是领导所肩负的重要职责。

本章主要介绍在打造这样的职场的过程中所需要的"共同体感觉"与"同理心"。

# 职场是一个能让人放心和信赖的场所吗

## ▋青年员工反映：职场中"不干活儿的大叔"令人头疼

最近，反映"不干活儿的大叔"的问题的人特别多。

职场中的这些"大叔"拿着远超青年员工的薪水却尸位素餐。他们不仅降低了青年员工的工作积极性，还增加了青年员工的业务量，让青年员工们倍感苦闷。

据说，在员工D的团队之中就有这样一个大叔，他的年收入超过千万日元（约合五十万人民币），过去也曾兢兢业业、勤勤恳恳，但是现在，他每天早上到岗之后便一直闲坐在电脑前，完全变成了一个只顾浏览高尔夫球网站或美食网站的"不干活儿的大叔"。

员工 D 愤愤不平："这种'不干活儿的大叔'，只要一开会就会胡言乱语。他又不是领导，却动不动就晃晃悠悠地凑到我们的工位前，发表一些'从前我可是这么干的！''你这做法行得通吗？'之类的言论，真是多管闲事。只要有这么一个'不干活儿的大叔'在，二三十岁的青年员工就会无法忍受、怨声载道。"

团队有整体的业绩指标，如果青年员工们不得不去弥补"大叔们"的职责空缺，被迫承担额外的压力，那么青年员工们的抱怨是可以理解的。

若是青年员工受到这一负面影响后，产生"我也不想干了"的糟糕想法，那么无论是对整个团队，还是对青年员工自身的成长来说，都是不利的。

那么，身为领导应该怎么办呢？

正如第三章中所述，要做好"课题分离"。

即使员工 D 愤愤不平，职场中"不干活儿的大叔们"也不会做出任何改变。"大叔们"不工作这一课题，归根结底是"大叔们"自己的课题。

另一方面，对"不干活儿的大叔们"感到愤懑，则是员工 D 的课题。

"愤懑"情绪也需要消耗时间和精力。可以说，员工 D 的时间和精力都被白白浪费了。这一课题最终也要降临到员工 D 本人身上，需要他自己解决。

因此，对于这种情况，"不去在意"反倒是最具有创造性的应对策略。

## ▎团队成员要相互尊重、相互信赖

虽说"只是在意'不干活儿的大叔'也是无济于事的"，但想必还是会有很多人无法接受这一点。

领导也常常会听到来自青年员工们的恳切请求："希望领导想办法解决！"

如果领导听取请求，表示"的确该想办法解决了"，那么这个问题就成了"共同的课题"。

此外，"不干活儿的大叔们"不工作，导致青年员工们的工作负担加重，整个团队的工作也会受到巨大影响，那便真是大麻烦了。

在这种情况之下，问题就会变成共同的课题，即需要青年员工们与领导一起面对的"共同的课题"。

那么，该如何去思考这种共同的课题呢？

在思考这个问题之前，让我们先来了解一下一个十分重要的基础话题。

那就是"共同体感觉"。

职场中是否存在共同体感觉，这一点至关重要。

第一章中曾经指出，所谓共同体感觉，就是要去关心、信任共同体之中的伙伴，尊重每个人各自独有的个性。

并且，对于共同体中每个伙伴的幸福或成长等，都要采取一种做贡献的态度，时刻思考"自己能够做些什么"。

共同体感觉还包含了"这里便是我的容身之所""身处其间倍感幸福"等归属感。

这些感觉、感情统称为"共同体感觉"。

当你能够感觉到共同体之中存在着容身之所，对于共同体中的伙伴能够尊重和信任，并且愿意为这一共同体做出自己的贡献，那便是拥有共同体感觉。

学习个体心理学，首先要准确理解"共同体感觉"这一概念。因为它在我们的教育领域和医疗领域中都是重中之重。只有那些充满勇气，满怀信心，于广袤世界中拥有自己容身之所的人，才能够从容应对人生的跌宕起伏。

——《生活的科学》

为了通俗地解释共同体感觉，往往可以这样来举例说明。

所谓共同体感觉，它不是"我"的感觉，而是"我们"的感觉，即"团队"的感觉。

我们应该怎么办？

我们能够做什么？

可以说，它是一种"可以用'我们'作为主语来思考的感觉"。

诚然，在这个"我们"之中，也包括那些"不干活儿的大叔"。

"不干活儿的大叔"作为团队中的一份子，对于打造一个相互尊重、相互信赖的职场这一"共同的课题"而言也是不容忽视的存在。

越是这样的职场，"共同的课题"才越容易建立起来。

若没有彼此间相互尊重、相互信赖这一基础，便无法建立起"共同的课题"。

打造人们相互尊重、相互信赖的职场

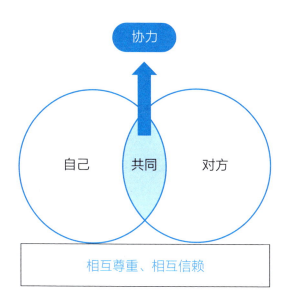

建立共同的课题，协力合作，打造人们相互尊重、相互信赖的职场，这至关重要。

"课题分离"也有可能导致人际关系恶化。

说得极端一点，这是因为有人会采取"那不是我的课题，而是你的课题"这种一刀切的办法。

而"共同的课题"呢，它是指"它是你的课题，也是我的课题"。这种协力合作关系在职场中不可或缺。

## ▍"心理安全"与"共同体感觉"

近年来，在商业领域频频出现一个词，叫作"心理安全"。

简单来说，团队成员不拒绝、不指责自己的言行，那么就可以认为自己处于心理安全的状态。

通常，生产效率高的团队，其心理安全指数也高。

这一认知因 Google（谷歌）的践行而广为人知。

在一个树立起了心理安全的团队中，成员们往往更易各抒己见，并共同致力于实现目标，不断推进工作。

拥有"共同体感觉"的团队则与之相似。

一旦拥有共同体感觉，便会发自内心地产生"这里是我的容身之所""我愿意尊重、信赖这里的伙伴，并为共同体做出贡献"之类的想法。

其结果便是，每位成员都能够充分施展才能，整个团队更容易产出丰硕的成果。

因此，领导的职责重点便是，培养员工的共同体感觉，打造一个拥有共同体感觉的职场。

 阿德勒金句

领导的工作首先是要培养员工的共同体感觉，打造一个具有共同体感觉的职场至关重要。

——《生活的科学》

## ▍"不干活儿的大叔"也是团队中的一员

只要一倡导培养共同体感觉，就会立刻招来反问："是要我们喜欢'不干活儿的大叔'吗？""和'不干活儿的大叔'也要搞好人际关系吗？"

然而，正如第一章中所提到的那样，"共同体感觉"并不意味着大家一起来交朋友。

商业领域中所谓的要有共同体感觉是指"在建立信赖关系或伙伴关系的基础上，为了共同的目的，各自思考自己能够做出什么贡献"。

在第一章中我们借助足球队的例子进行过说明，只有相互尊重、相互信赖的球队方能领悟"合作共赢"的奥义，并释放出巨大能量。

如果彼此间缺乏尊重与信赖，就很难实现"合作共赢"。

回顾本章开头提到的内容，"不干活儿的大叔"也好，员工 D 也罢，作为团队中的一员，解决问题的最佳方案就是建立起相互尊重、相互信赖的人际关系。

"不干活儿的大叔"身上虽然存在缺点与不足，但同时也具备他的长处和做出贡献的能力，他是团队中的一员，是可以信赖和团结合作的一份子。

如果员工 D 能够秉持这种想法，就不会认为"不干活儿的大叔"是"令人厌恶的存在"和"毫无用处的存在"了。

若能建立起这种人际关系，无疑是最理想的情况。

并且，针对"从今往后，如何促使员工 D 和'不干活儿的大叔'均能在工作中发挥所长，推动工作更好开展"这一问题，思考出相应的解决方案。

● 团队中的每个成员都要对其他成员拥有信赖感。

● 团队中的每个成员都要心怀"这个团队才是我的容身之所"的归属感。

● 团队中的每个成员都要思考"自己能为团队做些什么"。

领导应该努力思考，如何达成上述局面，从而创造出一个理想的职场环境。

## | 信用与信赖的区别

在共同体感觉中，我们十分重视"信赖"一词。

"信赖"一词在我们的生活中被反复提及，如：

- 信赖他人
- 信赖团队
- 信赖公司
- 信赖社会

这些都是对我们很重要的东西。

与"信赖"类似的还有"信用"一词。

信用与信赖相似但不相同。

借用金融机构等经常使用的"信用交易"一词来解释，就更容易理解"信用"的意思了。

若信用资质良好便可获得贷款，若信用资质欠佳则不可获得贷款。

也就是说，一个人是否有信用，取决于其是否拥有某种"凭证"，或满足某种"条件"。"信用"只有得到数字、凭证或条件的支撑才可成立。

"信赖"则是一种无条件的信任。

即便没有任何凭证或条件，仍然坚定地、毫无保留地相信其存在本身，这便是"信赖"。这就好比向他人开出一张任填金额的空白支票。

阿德勒心理学重视的是"信赖"，而非"信用"。这也同样适用于职场。

● 请毫无保留地信赖他人。

● 即便无凭无据，也请无条件地信赖站在你面前的员工。

这一点至关重要。

# 存在问题的人缺乏共同体感觉

## ▌缺乏共同体感觉的人只关心自己

缺乏共同体感觉的人都有这样一种倾向：

他们关心的方向指向自己，即我们常说的"利己""利己主义"。

他们判断事物的标准就是"于我而言"，思想上总觉得"自己才是正确的""是别人错了"。

或者，他们的竞争意识极其强烈，考虑问题易拘泥于高下优劣。

这种"只要自己好就好"的思想会对共同体产生恶

劣影响。

比方说，有一个推销员却总以一种高高在上的态度嘲讽周围的同事："你们怎么就做不到呢？""真是指望不上你们啊！"

这个推销员的尖酸刻薄的言辞，会导致其他同事心灰意冷。

这就在团队中制造了胜者组与败者组两大阵营。

他单枪匹马进了胜者组，可能会因此而沾沾自喜，却也制造出了众多的失败者。对团队而言，他的行为就是非建设性的。

和这个推销员一样，有人会从"上下关系""善恶""非黑即白"这样的角度去看待问题，认为"自己才是正确的，别人是错误的""我真了不起，他们太没用了"。

这样的人就是利己的人，是缺乏共同体感觉的人。

在团队中，为了实现目标，领导应努力让此类人做到拥有共同体感觉，这十分重要。

## ▍低绩效者对他人漠不关心

作为一名培训师,我常常要和形形色色的人打交道,其中包括经营者、领导层,也包括普通员工。

他们当中,既有高绩效者,也有低绩效者。

他们之间的差异体现在哪里呢?

我认为,他们之间最大的不同就在于对别人的态度。

低绩效者往往只关注自己,而很少关心别人。

或许也可以认为低绩效者具有"孤芳自赏"的倾向。

 阿德勒金句

对别人漠不关心的人,他的一生困难最多,对别人的损害也最大。所有人类的失败,都是由这些人造成的。

——《自卑与超越》

阿德勒金句

要改变低绩效的员工，首先需要提高他对伙伴或工
作环境的关心程度。

不妨让他们从关怀他人、关心团队的工作内容、关
注职场环境等点滴小事做起。

## ▋共同体感觉也是心理健康状况的晴雨表

共同体感觉也可以成为心理健康状况的晴雨表。

在团队之中，拥有诸如"我是这个团队中的一员""我
要在这个团队中寻找自己的容身之处""我要为我的同

伴贡献力量"此类的想法，是一个人心理健康的表现。

相反，若一个人毫无共同体感觉，总是处于"难觅容身之处"的状态，或者"无论身在何处都无法安心"的状态，或者"无法想象要为别人做点什么""对谁都无法信赖"的状态，那么就会被人看成是心理健康出了问题。

共同体感觉作为心理健康状况的晴雨表，意义重大。

拥有共同体感觉的群体与缺乏共同体感觉的群体的差异如下所示。

● 拥有共同体感觉时会"协作"；缺乏共同体感觉时则会"竞争"。

● 拥有共同体感觉时具有"为别人做点什么"的贡献感；缺乏共同体感觉时则会产生"依靠别人"的依赖之心。

● 拥有共同体感觉时会收获"职场归属感"；缺乏共同体感觉时则会萌发"职场疏远感"。

● 拥有共同体感觉时会"相互信赖"；缺乏共同体感觉时则会"相互质疑"。

● 拥有共同体感觉时具有"建设性"；缺乏共同体

感觉时则是"非建设性"的。

## 拥有／缺乏共同体感觉的差异

|  | 缺乏共同体感觉时 | 拥有共同体感觉时 |
|---|---|---|
| 关心的方向 | （1）关注自身利益<br>（2）明哲保身<br>（3）竞争 | （1）关注共同体利益<br>（2）奉献社会<br>（3）团结协作 |
| 人际关系 | 纵向关系 | 横向关系 |
| 判断标准 | （1）对我而言<br>（2）根据正邪善恶、好坏优劣、上下等级进行筛选 | （1）对我们而言<br>（2）承认彼此的差异和个性，达到宽容与共存的状态（多元化） |
| 对应的行为 | 非建设性的，有时甚至是破坏性的 | 建设性的 |
| 常见结果 | 退化、幼稚化 | 成长、成熟 |

若员工表现出缺乏共同体感觉的言行，领导有必要予以一定程度的关注。

如果他的言行进一步对其他成员或团队造成了影响，则需要迅速将其视为共同的课题进行探讨，一起思考解决方案。

# 培养同理心

## ▍想象"如果我站在对方的立场上"

如何让那些对别人漠不关心、自私自利的人拥有共同体感觉呢?

为了共同的课题团结协作,该如何做呢?

关键就在于培养"同理心"。

各位在学生时代一定接受过这样的教导:"同理心很重要""要培养同理心"等。

近年来,在商业领域,"同理心管理"理念正被广泛运用。

阿德勒心理学也非常重视"同理心"。

在此，"同理心"可被扩充解释为：

"用别人的眼睛去观察，用别人的耳朵去倾听，用别人的心去感受。"

想象一下，如果我站到对方的立场上，我会产生何种感受，采取何种做法。

"同理心"就是，关心对方的状况、想法、感情及兴趣等。

心理咨询师或治疗师等从事心理健康行业的人士，以及从事教育行业的人士最能理解同理心的重要性。

领导肩负培养员工的责任，从这个意义上来说，领导也是教育者。

领导也应学习并掌握同理心。

一般来说，良好的社会适应能力是一个人在工作上取得成功的先决条件。能理解顾客的需求，用他们的眼睛去观察，用他们的耳朵去倾听，用他们的心去感受，拥有这样能力的人，工作多半会顺利。

——《生活的科学》

## ▍也站在"被社长狠批者"的立场上思考一下

　　提到同理心，我就会想起一段苦涩时光。

　　我以前工作过的一家公司因长期赤字而下发了削减经费的通知，"最大限度削减不必要的开支"，一声令下，全体员工必须严格遵照执行。

　　当时，我担任综合企划室课长一职，社长是我的直属领导。

　　某天，社长秘书抱来一大束鲜花，装饰在社长的办公室门口。

我不禁大惊，对秘书脱口喊出："这是怎么回事？每个人都在勒紧裤腰带努力节约开支，现在可不是往社长办公室弄这种东西的时候！"

秘书却回答："岩井课长，这可是我自己掏腰包买来的，并没有申请动用公司的经费。正因为是在削减经费的特殊时期，才更有必要为工作环境增添一份情趣呀。"

听到秘书的这一番话，我深刻反省了自己竟然仅凭"私人逻辑"就指责了秘书这件事。

我仅仅是因看到了鲜艳的花束，以及用花束装饰社长办公室门口的行为，就用我个人的感受去妄自判断，并责备了人家。

然而，社长秘书却不是这样的。

"正因为是在削减经费的特殊时期，才更有必要为工作环境增添一份情趣呀。"秘书这样考虑之后，才用鲜花来装点环境。

在削减经费这一严令之下，公司内正弥漫着一种紧张氛围。

将鲜艳的花束装点在社长办公室门口，不仅是员工，甚至来公司办事的客户也会被疗愈。

当时的社长行事严格认真，所以，一定有遭到他严厉批评的员工，在出来时看到门口美丽的花儿时，内心得到了些许慰藉。

这位社长秘书的视角，就是"同理心"视角。

社长秘书并非是用自己的眼睛，而是用"公司员工""外来客户"，甚至"被社长严厉训过的人"的眼睛看待这个问题，用他们的心灵去感受，于是采取了"买花装饰"这一行动。

这就是"同理心"！

## ▎莫将"同理心"当"同情"

人们往往误将"同理心"当作"同情"。

不过，这两个词用英语来解释会更加容易让人理解。

用英语来写的话，"同理心"是 empathy，"同情"则是 sympathy。

两者都包含表示"感情"的词根"pathy"，看上去十分相似。

而词头"em"意为"在……之中","sym"则意为"一起""同时"。

如同英文单词所表示的那样,"empathy"(同理心)指"既秉持自身立场,又进入到对方的感情之中"。

而"sympathy"(同情)则指"自身感情与对方感情产生共鸣并融为一体"。

同理心可以在坚持自我的状态下产生,而同情则意味着自己的感情与对方的感情完全融为一体,难舍难分。

这也是"同情"这种感情的危险之处。

我曾在一所护理学校任教约二十年。

彼时,学校的老师们不时拜托我:"岩井老师,请一定教会学生们如何区分同情与同理心。"

因为护士一旦陷入"同情"模式之中,往往会引发医疗事故。

当她们进入"同情"模式时,她们会把病人的痛苦当作自己的痛苦,觉得病人很可怜,千方百计地想要出手相助。对方痛苦,自己也会因被对方同化而痛苦。

有时，她们还会做出一些不该做的事情。

而"同理心"的立场则是"我知道你十分痛苦，也非常理解你的痛苦与忧伤。不过……"。

即虽然理解别人的心情和行为，但不会被其同化。

同情基本上始于怜悯。然后，你会将别人和自己融为一体，自己也沉浸于痛苦之中。最终，你会不受控制，不顾一切地想要拯救对方脱离苦海。

而"同理心"意味着彼此立场不同，但是自己可以作为一个不可替代的角色对别人给予关怀和体贴。因此同理心是可控的。

"同理心"离不开站在超越自我的立场去看待问题，且自我监督的视角也必不可少。

"同理心"还需要我们进行自我监督，这意味着要从自己以外的角度看问题。不仅要看自己，还要从更广阔的角度看问题和对方。

即用"头脑"去思考别人的感情、想法和状况。

从这个意义上来说，"同理心"其实是一种可以通过学习来掌握的技能。

## "同理心"是通往合作的捷径

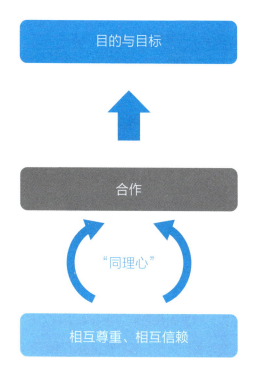

作为领导，首先需要自己明白"同理心"，然后再向员工表明学习这一技能的重要性。

通过培养同理心，我们可以理解别人的立场，然后再进一步构建合作关系。

## ▌先前往"现场"

同理心就是要"用别人的眼睛去观察，用别人的耳朵去倾听，用别人的心去感受"。

我在研讨会上说起这些时，就会有人提问："能否再举出一些具体事例，解释得更加通俗易懂一些呢？"

这时我就会讲上一则"驴子的故事"。

在一个小村庄里，有一头被精心饲养的驴。

后来这头驴逃走了。村民们纷纷去附近寻找，却不见其踪影。村里的长老们聚集在议事堂里讨论："驴子为什么会逃呢？""它逃到哪里去了呢？"

这个时候，村里一个被叫作"傻子"的人突然走了进来，说："我找到驴子了！"

长老们嗤之以鼻："你这样的傻子怎么可能找到驴

子呢？"

"傻子"说："听说驴子逃跑了，我就立刻去了驴棚那儿，然后学着驴子平时的样子站在那里，琢磨它是怎么想的。我就想，我要是驴子，逃跑了会是什么心情呢？会往哪里跑呢？然后我就顺着这个思路去找，果然找到了！"

这个故事告诉了我们一个很重要的道理。

长老们没有一个人去现场，而是围在议事堂里，用人类的头脑、人类的想法去思考、讨论。

但是，村子里的这个"傻子"却先去了现场，设身处地地将自己代入驴子的角色，用驴子的头脑去思考了驴子的行为。

从这个故事中我们明白了，培养同理心的步骤如下：

● 去现场。

● 站在别人的立场上。

● 像别人一样去思考同样的状况。

● 跳脱出来，去俯瞰包括自己和"驴子"在内的一切事物。

## ▎关心、信赖他人，先从自己做起

本章主要谈到了"相互尊重、相互信赖""拥有共同体感觉""培养同理心"的重要性。

可以说，打造充满共同体感觉的工作环境就是领导的重要职责。

但是，员工之中也会有这样的议论："无条件地信任领导，我做不到！""难以对领导心怀尊敬！"

这其实也情有可原。

不过此时，就需要身为领导的你先从自己做起，去信任更多的人。

只有改变自己，才能提高共同体感觉。

 阿德勒金句

必须有人先开始。就算其他人不合作，那也与你无关。这是我的建议。从你自己开始，不用去想其他人会不会合作。

——《自卑与超越》

自己不做出改变，整个组织的变革就无法实现。

与其要求别人做出改变，不如先改变自己。首先，领导必须做出改变。

这个道理至关重要。

当然，在职场中培养安心感，营造相互尊重、相互信赖的良好关系，或是打造一个拥有共同体感觉的团队，都需要时间。

更确切地说，一个充满共同体感觉的完美团队，终究是一种理想状态。

但是，我们应该朝着理想，面向更加美好的未来，不懈努力奋斗。这需要从领导开始。

首先，从领导开始实践

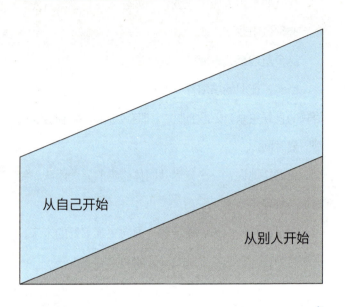

从自己开始

从别人开始

时间

营造相互尊重、相互信赖的关系需要时间

## 第 4 章要点

◆ "共同体感觉"就是对自身所处的共同体（团队、组织、社会）抱有的"信赖感""贡献感""归属感"等感情的总称。

领导的职责之一，就是培养职场中的"共同体感觉"。

◆缺乏"共同体感觉"的人关心的方向指向"自己"。

低绩效者往往对别人漠不关心。

让那些不关心别人的人重拾共同体感觉的法宝就是培养其"同理心"。

◆ "同理心"就是用别人的眼睛去观察，用别人的耳朵去倾听，用别人的心去感受。

同理心不同于同情。同理心是虽然立足于别人的立场却不会被同化。

重要的是培养同理心，相互尊重，相互信赖。

第 5 章

Everyone is
different.
However, that is
important to
work as a team.

继续提出新的目的与目标

在第四章中，我们讨论了打造人们相互尊重、相互信赖的职场以及每一个人都拥有共同体感觉的重要性。

不过，如果只是一味等待职场自发的改善或员工自发的成长，只会让时间白白流逝。

既然身处商业领域，就要联合个性各异的员工共同达成团队的目标。

在本章中，我主要谈谈在改善职场环境的同时，如何去实现目标。

# 理解目的，落实目标

## ▌认清目的与目标的区别

领导的重要职责之一便是指明目的与目标。

然而，目的与目标看起来相似，其实却不同。这两个词到底有什么区别呢？

"目的"指"为了什么"去做这件事情。

指向的是"的"（靶子）。

"目标"则是指"朝向何处"去做这件事情。

指向的是"标"。

一方面，"目的"可替换为"使命""理念"或"任务"等词语。在企业经营中则以"经营理念"的形式出现。其对工作的开展十分重要，因为它提出了一个根本性问题——"公司因何而存在"。

另一方面，"目标"则着眼于"朝向何处"，即具体行动之短期、中期、长期的"到达点"。

人们大多使用数字和成果等来表示目标。例如：

"年销售量达到 10000 件"，这就是目标。

在这一目标的前方，"制造可使更多客户轻松生活的产品"则是目的。

## 目的与目标的区别

| 目的 | "为了什么"去做 |

例如：

- 创造让众多客户生活更轻松的产品。
- 通过奖牌对世界产生积极影响。

| 目标 | "朝向何处"去做 |

例如：

- 年销售量 10000 件。
- 奥运会上夺取奖牌。

- 着眼目的来设定目标
- 目的比目标层级更高

"奥运会上夺取奖牌"是目标。

而夺取奖牌之后"通过挑战筑梦人生"则是目的。

"目的"比"目标"层级更高。

必须首先确定目的，然后再设定具体现实的目标。

此外，目标设定好之后，不应只向员工解释目标是什么，而应提出更高层次之上的目的。

"目的"与"目标"就是如此，既很相似，又有不同。

领导应该认识到二者之间的区别，与员工共同思考，并进行设定。

 阿德勒金句

画一条线时，如果眼睛不看着目标，线就无法画到最后。

——《个体心理学讲座：阿德勒谈校园里的问题儿童》

## 目标的设定要具体

一个领导，需要培养准确理解目的后落实目标的能力。

这是因为领导的重要职责之一便是，理解公司的理念和任务，再将其通俗易懂地传达给员工。

领导者的重要职责是将大目标转化为具体目标，并以目的为导向制定具体目标。重要的是要考虑将大目标转化为便于每个人完成的具体目标。这是因为那些"高不可攀的目标"可能导致团队积极性下降、干劲丧失。

我有一则设定目标时需要铭记的五字箴言，这里逐一进行说明。

### 具——具体

如果一家商店把"打造一家对人友好的商店"作为它的"目的"或"理念"的话，它便包含了诸如"无论对谁打招呼都要做到礼貌热情""加宽通道以便轮椅和婴儿车通行""对员工进行急救等应急知识的培训"等具体的目标。

## 可——可达成

"有可能达成"也是设定目标的重要标准。

如果目标的门槛过高，就可能会让团队成员的积极性受挫。所以，设定"跳一跳就能够得着"的目标更为合适。

## 情——让人情绪高涨

但也存在这样一些目标，它们虽然不一定容易达成，但适合我们朝着其去行动。

那便是能够让人情绪高涨的目标。这一点同样不容小觑。

如果是能够让人情绪高涨的目标，那么即使要求略高，这一目标也是有希望达成的。

## 定——定量

所谓定量的目标就是指能够用数字衡量的目标。

若用数字衡量目标，谁见到都能准确理解。

如"四个月签订十项合同""月销售额一百万日元"，如此进行数字化之后，目标便一目了然了。

### 期——在期限范围内

给目标设定期限也十分重要。

根据期限倒推时间，可以确认工作进度。

这与存款如出一辙，好比给"我要存够一百万日元"这一目标设定"一年"的期限一样。

这样一来，大目标就被具体化成了"一个月须存够约八万四千日元"的小目标，目标就更容易完成了。

今后设定目标时不妨试一试上述法则。

# 设定目标的小技巧

## 让目标"具""可""情""定""期"

**具** **具体**
具体到底是什么

**可** **可达成**
是否有可能达成

**情** **让人情绪高涨**
能否让人热情投入

**定** **定量**
能否用数字衡量

**期** **在期限范围内**
是否设定了完成期限

## ▌目标前方能否看到目的

思考并设定目标之后，领导还需要同员工共享目标。此时需要注意三点：

### 1. 让员工看清目的

如果员工看不清目标前方的目的，就可能会迷失方向。

在共享目标时，务必仔细确认目的。

### 2. 向员工传达期待

不仅要共享目标，还要传达对员工的期待：

"希望你完成某项工作！"

"期待你发挥出某种作用！"

"期待"也意味着"分配任务"。

这样一来，员工会更容易为团队做出贡献。

### 3. 将决心、努力等清楚明白地表现出来

必须以通俗易懂的方式清楚地表明每个成员的决

心，以及他们要为此付出哪些努力。不妨将其写在一张纸上或工作报告之中。例如，"为了能在一年之内开发出三款令客户满意的产品，每月需提交五个策划案"。

如此一来，员工们更容易看清眼前的目标。

 阿德勒金句

如果一个孩子想集中全力来克服他的困难，那么在他身外必须有一个他要全力以赴的目标，这个目标是以他对现实的兴趣、对他人的兴趣以及对合作的兴趣为基础的。

——《自卑与超越》

## ▍区分目标的等级

尽管设定了目标，还是会出现各种各样的因素，导致员工们无法完成目标。

也许是因领导判断失误而设定了过高的目标。如果员工能按照领导的预想，在难以实现的目标的激励下实现令人惊喜的成长，倒也关系不大。但是，有的时候这样做的后果往往是降低了员工们前进的动力。

为了避免这种情况发生，可以采取"区分目标等级"的方法，也就是将目标细分成不同的等级。

例如，目标可以分为很多种类。

● 终极目标——几乎可视为目的的、近乎理想的目标。

● 高标准目标——可实现的高水准目标。与现状之间存在较大的差距。

● 当前目标——在自己的能力范围之内，努努力即可实现的目标。

● 底线目标——在考虑自身能力并做好防范风险准备的基础上可实现的最低目标。

接着，综合分析一下员工的状况、周围的环境以及市场行情等，再将目标灵活区分。

"虽然'达成目标'要求我们做到××，但首先需要攻克'当前目标'的××。"

"情况不妙，先保证可以实现'底线目标'吧。"

这样一来，我们可以针对不同状况，灵活区分目标等级。

如果只是追求单一的目标，其最终结果要么大获全胜，要么一败涂地。

这不仅会挫伤员工的积极性，也很难精密监控员工的进步和发展。如果像这样设立几个不同等级的目标，当面对既非最好亦非最坏的最终结果时，员工们的心理也会得到平衡，也更容易找到下一个目标。

如果将目标划分为不同等级，并根据实际情况进行调整，员工就会发现这些目标变得更容易实现。

## 教育员工时提出解决方案

### ▍解释了"为什么"，并不意味着已经解决

一个团队朝目标迈进的时候，有时会出现员工停滞不前或士气低迷的情况，有时甚至会出现个别员工表现出"偷懒""拖后腿"等非建设性行为的情况。

作为领导，此时必须出面对其进行提醒和教育。

提醒和教育时，需要注意以下方面。

有的领导会对失败的员工这样说：

● "为什么你不会？"

● "为什么出错了？"


但我并不建议采取这种追究原因的做法。

我曾听说过关于一位经营战略顾问的故事。

这位顾问是被管理团队拉来改善公司结构的。

然而，每当公司出现什么问题时，他总爱打破砂锅问到底："为什么要那么做？""为什么要放任错误不管？""为什么对员工不闻不问？"

无论对方如何回复，他都会进一步指责其"想法太天真""缺乏想象力"等。

职场的员工们其实在被问及"为什么"时，是无法给出什么合理的解释的。这是因为错误和失败之间没有明确的因果关系。

人们很容易对自己过去的行为做出诸如"当时我就是那样以为的""当时不自觉便那么做了"的解释，而这些言论，在一些人听来不过是一种辩解而已。

最终，公司的员工们无一不因顾问的这番"为什么"式攻击而精疲力竭。

据说，这种做法最后也没为公司结构带来任何改善。

当然，未完成目标或失败的时候，有必要思考一下原因。只是在这个时候，更应该思考一下解决方案：今后该怎么做？

一味探求原因，并不会带来任何结果。只去打听"为什么"，很容易导致人们为过去的事情辩解。

而与他人一起思考怎么做才能完成目标，这对彼此而言都是健康而又具有建设性的做法。

打听"为什么"会导致对方"解释过去发生的事"，往往无法发展成"接下来该怎么做"的"解决方案"。

## ┃ 有建设性思想的人会思考"怎么做"

不考虑"目的"，只问"为什么"，这样去追究过去的失误、失败或事故的做法有很多害处。

"为什么"容易被理解成责难对方之辞。

"为什么出错了？""为什么迟到了？""为什么不会做这项工作？"估计很多人听到这些话都会认为对方在批评自己。

人们如果被过多地告知自己的过失，包括错误和失败，往往会变得更加没用。如果工作场所经常充斥着唠叨和嫌恶，这难免会产生不好的氛围。

为了不让自己的评价变差，大家就不得不时刻紧绷神经；为了不出现错误，大家就不得不拿出超出平常千百倍的注意力。

这样一来，职场中的员工便会议论纷纷、怨声载道："是××的错！""应该这样做。""××没有认真工作！"

为了避免这种局面产生，尽量不要对失败或失误的人发出"为什么"的疑问。

比"为什么"更重要的，是明确"为了什么"（目的），以及"怎么去做"（方法）。

这三个都是对未来有用的问题。

● "为了什么我们最好杜绝迟到现象？"

● "怎么去做才能减少出错？"

● "怎样去做才能使此项工作顺利进行？"

与其去追究"为什么"做不好工作，倒不如去问"怎么做"才能做好工作。

这样才是面向未来的、具有建设性的做法。

## 教育员工时的两大重点

本想要教育一下员工，却一下子火冒三丈、大发脾气。有这种经历的一定大有人在。

关于对员工的教育，我提出两大重点。

### 1. 即便"怒火中烧"，也不要表现出来

教育员工时不能流露出愤懑的情绪。

不要朝员工怒吼"不要那么去做"，而只需要简单提示一下："朝这个方向去努力可能会更好一些。"

### 2. 在教育的同时明确表示"期许"

"我对你是抱有期待的，不过眼下来看，你还有不少提升的空间。"

"相信你一定可以做到。但是，现阶段你还需要更加努力。"

比起单纯地批评教育，在教育的同时提出期许，员

工会产生更多的动力。

请各位注意，不要把"教育"表达成"发怒""批评"等。"发怒"只是宣泄情绪的一种方式，而"批评"则会让人产生受挫的感觉。

因此，领导用"教育的表达形式""教育方法"更为恰当。

## ▌过度追求目标时，要退回到"出发点"

一个人过度追求目标时，往往会迷失方向。

一个人太过拘泥于目标时，往往会看不清目的。

例如，A 公司的目的是"制造出更优的产品，造福客户"。

为了实现这一目的，A 公司的团队将"年销售额几千万日元"这一目标细化为"月销售额几百万日元"这一目标。

然而，为了追赶这些数字，团队成员不顾一切地拼命蛮干，将"制造出更优的产品，造福客户"的目的抛之脑后，"即便造不出优质产品，也要造出漂亮数字"

这一意识便应运而生。

于是，"一味追赶数字"的局面便出现了。

在商业领域，这种问题很容易出现。

这是一种忘记"原本目的"之后发生的现象。

它意味着团队丢失了"制造出更优的产品，造福客户"这样的初心。

要找回初心和目的，重点在"出发点"这个词。

- "我们原本的出发点是什么？"
- "我们原本的目的是什么？"

在苦恼烦闷、迷失方向之际，不妨回想这两句话。

这两句话能将误入数字目标歧途的团队拉回正轨，重新步入光明大道再出发。

## 对领导的要求

### ▌领导要将目光投向"长处"

领导肩负着"准确评估员工，并激发其潜能"的责任。

此时，有一个很重要的概念便是人类观，即如何看待一个人。

你是如何看待同事、家人、朋友的？

有些人是从缺点、不喜欢的地方等消极的方面来评判他人的。

请尝试从"优点""长处"等积极的方面去看待他人吧。

因为从不同的角度去看待他人，不仅会影响我们对待员工的态度、推进工作的方法，甚至还会改变我们的生存方式。

比如说，团队中有个员工总是在最后一刻才提交工作材料，但其材料却写得非常仔细。

那么，你是会认为他"办事效率低下，不擅于整理工作要点，不得要领"呢，还是会觉得他"工作效率虽然有待提高，但认真细致、一丝不苟，能够在有限的时间内充分思考，但诚实稳重"呢？

若用前者的消极眼光看待员工，你会不自觉地对其产生负面情绪，进而变得严厉刻薄、不近人情。而若用后者的积极眼光看待员工，你会采取更为积极的待人方式。

你还会去思考到底什么样的工作岗位适合这种"效率虽低但严谨细致"的员工。如果认识到员工"思考时间较长"有可能延误工作，也会更容易向其提出"下次早点提交材料"这种具体的解决方案。

毋庸置疑，人有缺点或不足。

然而，不要将目光局限于此，要看到他人的优点与长处，这样更有利于发展健康的、积极的人际关系。

如果总是紧盯着他人的缺点，既无法解决任何实际问题，也会破坏人际关系。

关注并灵活运用他人的优点，互相合作，工作就会进展顺利。

## 领导要顾全大局

前面提到了"如何看待一个人"的人类观及其重要性。

"将目光投向长处"是优秀领导的重要品质之一。

还有一点同样至关重要，那就是顾全大局，也可以说成"识大体""有大局意识"。

具有建设性思想的领导能够高屋建瓴地看待事物。

正如第二章中所提及的，只有用更广阔的视角看待事物，才是合理且具有建设性的。

例如，一个员工拿着准备好的资料来到领导办公室。领导对其作出两种批复。

一种是："整体比较有感染力，写得不错。只是我认为还有几处可以改进的地方，你可以事后进行完善。一处是这里，还有一处是那里，最好进行修改。还有这里我不是很明白，请详细解释一下。""原来如此，那么请按照刚才的叙述进行修改。"

还有一种是："我有两点比较在意的地方，能否请你解释一下。""原来如此，原来是这个意思啊。这个数字表示什么？""这样啊。然后，这一处的含义我不太理解，是什么意思？""原来如此，那么请按照刚才的叙述进行修改。""对，就是这样。好的，现在这份资料已经通过了。"

你认为这两种批复哪一种比较好呢？

答案是无论哪种都可以。

只是，前一种批复在开头便给出总结性的评价，因此更为简明易懂，给人以积极向上的暗示。

如果员工得到"首先，整体来说不错"的评价，便能第一时间对最终结论做到心中有数。

知晓了最终结论，便可放下心来，更好地聆听之后的建议。

而后一种批复则是按顺序逐一展开点评，容易导致员工无法及时抓住要点，陷入混乱之中。

与员工讨论目标的相关话题时也是同样的道理，应先从整体的目的谈起。

先开门见山地指出"我们的目的是这个"，然后再设定小目标："因此，你们需要首先努力完成这个目标。"

涉及员工的人品问题时也同样如此，若从细枝末节之处分析，或许会发现其存在这样或那样的缺点与不足，但若能从整体来看，就能发现其"闪光之处"。

看待事也好，人也罢，都要有大局观。

希望领导们将这一点谨记于心。


## ▍领导要乐观地思考问题

一个具有建设性思想的领导，"乐观性"是他不可或缺的品质。

具有建设性思维的人能够认识到，即便再怎么烦恼苦闷、悲伤欲绝，事情也不会因此发生好转。

抱有一种"船到桥头自然直"的乐观心态，用更多的时间和精力去思考对策,这种做法才是合理且明智的。

当然,这并不意味着在不做准备、不做调查的情况下"乐观",而是一种"尽人事,听天命"的心态。

能够进行建设性思考的人即便遇到困难,也不会放弃希望,而是会昂首向前。

● "即便人手不足也要……"

● "即便时间紧迫也要……"

● "即便员工还不具备实力也要……"

他会觉得,即便如此也总有解决办法,一定还有什么是我可以做的。

这种"即便……也要……"的精神正是乐观精神。

请领导们务必重视这种乐观性。

## 第5章要点

◆领导要清楚指明目的与目标，这十分重要。"目的"
与"目标"截然不同。"目的"即"为了什么"，是
努力的"靶子"；"目标"即"朝向何处"，是努力
的"标识"。

◆教育员工时不要追问"为什么"。因为即便得到了
解释，问题也无法解决。多问"为了什么""怎么去做"。
如果出现过度追求目标的情况，不妨回到出发点。

◆领导们需要重点做到的是"关注员工的长处""顾
全大局""乐观地思考问题"。即使遇到困难，也要
积极乐观地去思考（"即便……也要……"）。

# 后 记

由衷感谢各位读完本书。

虽然本书是为领导而写，但它却不是一本领导方法指南。

的确，本书中没有谈及诸如"应如此指挥调动员工"之类的任何关于操作技巧的领导方法，而是基于"领导力 ＝ 影响力"这种概念，根据阿德勒心理学中"每个个体都是独一无二的、个性各异的存在""用横向关系替代纵向关系"等理念，提供一种重要信息，即领导如何与"跟随者"在相互尊重、相互信赖的基础上建立起人际关系。

本书中所提到的内容可总结为以下三个重点：

- 不止步于"课题分离"，还要迈向"共同课题"。
- 为了你所属的更为广阔的共同体。

● 如何思考、如何行动才是最具建设性的做法。

换种说法，本书具备了以下三大特点：

1. 本书是为消除普遍流传的对于阿德勒心理学的误解，即"课题分离"会导致"人与人之间的分裂"的误解而作。本书认为"课题分离"是通向"共同的课题"的关键一步。

2. 本书能使读者了解阿德勒心理学中的"共同体感觉"这一理念在商业领域中的应用情况。

3. 本书追求具有建设性的应对方法，坚持目的与目标的正确方向，摒弃领导们曾奉行的"对与错"的判断标准。

今日之时代，是一个呼唤合作的美丽和谐的时代。

然而，环顾四周，某些在过去盛行的理念依旧存在。

其中之一，就是"基于恐惧的动力"，另一个则是"基于正义感的割裂"。

对于前者，相信读者在读完本书后会明白，它在心理上容易造成负面影响。

而棘手的是"基于正义感的割裂"。

关于这一点，因书中前文未多叙述，故借"后记"以作补充。

在主张"我（我们）是正确的"的正义感背后，一定存在与之敌对的"邪恶""错误""不正确"等。

一个人越是具象化这个敌对者的存在，就越会强调自身的正当性，不断强化对方的固有属性，进而拉大彼此间的距离。

因此，以"好／坏""善／恶""正／误"为裁决标准，不但会强化"竞争"，还会在加上"爱／憎"的判断标准之后，筛除自己认为"错误""不正确""厌恶"的人或组织，结果便是催生了敌对的、割裂的人际关系。

我们本想在过去的时代摆脱这种人际关系，可直到这个时代也未能克服，所以，时至今日我们仍旧深陷其泥淖之中。

于是，我注意到了阿尔弗雷德·阿德勒的评判标准——"建设性／非建设性"，多年来我一直在学习与传播他的思想。

"建设性／非建设性（有时为破坏性）"这一评判

标准是在思考"为了达成我们的目的与目标，也为了我们更广大的共同体，我们能够协力合作做些什么"。

因其为"用合作原理替代竞争原理"的共生式判断标准，不会排除与自己意见不同的势力，所以它能迈向"用结合替代割裂"的时代。

阿德勒是一位深信并坚持"人类进化"主张的心理学家。

阿德勒的"建设性／非建设性（有时为破坏性）"的评判标准不仅对我们的人际关系有益，对周围的环境同样有益。

本书是写给领导们的书，所以闲言少叙，不再深究这个话题了。

在此，我想对探索21出版社的责任编辑大田原惠美女士表示真挚的感谢。若没有大田原编辑的鼎力相助，此书的出版将无法实现。谨在此致以谢意。

我与大田原编辑在她参与编辑本人的另一拙作《献给打工人的阿德勒心理学》时就结下了深厚友谊。此书也是我们二人交流探讨彼此的价值观之后齐心协力完成的。

此外，我还要感谢参加过我的培训班和讲座的二十余万朋友。若没有与你们的接触，我对阿德勒心理学的知识储备可能只停留在照抄照搬的浅薄水准上。

是你们弥补了我的不足之处，为我提供了宝贵的案例。

最后，我最想感谢的是锲而不舍读到此处的各位。

是你们的进取心与好奇心，支撑着你们读到最后。

我也衷心希望本书中所写到的内容在各位今后面临难关时能发挥建设性的作用。